图书在版编目（CIP）数据

财报第一课：第 7 版/安东尼·赖斯著；池国华等译．—北京：中国人民大学出版社，2018.7

ISBN 978-7-300-25792-1

Ⅰ．①财… Ⅱ．①安… ②池… Ⅲ．①会计报表-基本知识 Ⅳ．①F231.5

中国版本图书馆 CIP 数据核字（2018）第 088565 号

财报第一课（第 7 版）

安东尼·赖斯 著

池国华 等 译

Caibao Diyike

出版发行	中国人民大学出版社		
社　　址	北京中关村大街 31 号	**邮政编码**	100080
电　　话	010－62511242（总编室）		010－62511770（质管部）
	010－82501766（邮购部）		010－62514148（门市部）
	010－62515195（发行公司）		010－62515275（盗版举报）
网　　址	http://www.crup.com.cn		
	http://www.ttrnet.com（人大教研网）		
经　　销	新华书店		
印　　刷	涿州市星河印刷有限公司		
规　　格	170 mm×230 mm　16 开本	**版　　次**	2018 年 7 月第 1 版
印　　张	18.75 插页 1	**印　　次**	2018 年 7 月第 1 次印刷
字　　数	188 000	**定　　价**	56.00 元

Accounts Demystified: the Astonishingly Simple Guide to Accounting

财报第一课（第7版）

安东尼·赖斯（Anthony Rice）著
池国华 等 译

中国人民大学出版社
·北 京·

背景资料

萨　拉

萨拉是SBL公司唯一的股东，也是唯一的员工。一年前，萨拉去远东地区出差，一个偶然的机会，她拜访了一家生产高档仿真绿植及仿真花卉的公司。回到英国后，萨拉立即辞去工作并成立了SBL公司（投入10 000英镑自有资金），SBL公司的主要业务是进口及销售这些仿真植物及花卉。

萨拉善于经营，公司前景看好。公司刚刚结束第一年的经营，萨拉需要汇总年度经营情况。公司全年的交易事项萨拉都已经做好记录，她还采购了云基础会计系统，并投入使用。萨拉虽然完成了一些计划内的工作，但她不明白自己在做什么，也不明白如何从会计的角度进行分析，萨拉对这些问题感到困惑。

汤　姆

汤姆有两个问题。

第一个问题是关于他所在的公司——Wingate 食品公司，汤姆是这家公司的销售经理。Wingate 公司生产糖果及巧克力饼干，大型超市销售的大部分此类商品都来自该公司。四年前，Wingate 任命了新的总经理，这位总经理一上任就开始了激进的扩张项目。

总经理为拿到订单似乎不择手段，这正是汤姆所担心的。同时，公司在新办公室及机器设备上花费了大量资金。总经理充满信心，继续推行高风险的销售、利润及股利政策。汤姆的疑惑挥之不去，总感觉什么地方出了问题。但他无从插手。

汤姆的第二个问题是关于他存放在银行的闲置资金。他没有萨拉一样的企业家精神，目前也没有成立公司的机会。汤姆打算将其中一小部分投入股市。一些人给汤姆提供了建议，但他无法分辨优劣。

汤姆决定系统学习会计知识，这样他才能够对 Wingate 公司及未来投资形成自己的见解。

克里斯

克里斯是一家全国性报刊的财经记者，她虽然不是专业会计人员，但也能自如地阅读并分析企业财务报告。

克里斯曾经同很多人一样，对利润及损失很熟悉，但对资产负债表一窍不通。几年前，克里斯的一位朋友向她解释了会计的基本原理及其他会计事项是如何遵循基本原理的。很快，克里斯理解了资产负债表，以及一切与公司账户有关的事项。

近日，汤姆和萨拉分别向克里斯提起各自遇到的会计问题。克里斯想到了她以前学过的会计基本原理，一旦掌握，会计将变得简单易懂。萨拉不愿错过这个机会，立即要求克里斯在这个周末与自己及汤姆分享秘诀。

前　言

Wingate 公司的年报

在正式开始之前，我们需要迅速回顾一下 Wingate 公司最近一期的年度报告。本书会经常提及这份年度报告，熟悉它对阅读后续章节很有帮助，同时也利于理解本书的学习目标。你不仅要理解年报中的各项内容，还要学会如何进行详细分析。

Wingate 公司第 5 年的年度报告（见附录 1）虽然做了简化处理，但仍是中小型私有企业年度报告的典型代表。如你所见，年报包括以下几个部分：

- 战略报告；

➢ 董事会报告；

➢ 审计报告；

➢ 损益表；

➢ 资产负债表；

➢ 现金流量表；

➢ 净债务报表；

➢ 附注。

战略报告是公司董事会对于经营状况及业绩作出的概括性描述。战略报告要比枯燥的数字有趣得多，值得一读。

董事会报告和审计报告尽管不能告诉我们大量信息，但也十分重要，具体原因我们将在后文中解释。

损益表、资产负债表及现金流量表是企业年度报告的核心。本书的主要内容即如何理解并分析这三张报表。

净债务报表是现金流量表重要的补充。账户附注的内容要比脚注丰富。其中包含了许多有助于理解三大报表的关键信息。离开附注无法分析财务报表。

克里斯，你知道吗？我现在完全看不懂这些内容。

本书结构

本书共12章，分为3部分。

➢ 会计基础；

➢ 对会计报表的解释和分析；

➢ 上市公司报表。

第一部分 会计基础

本部分包含前五章内容：

➢ 第 1 章介绍资产负债表及其与会计基本原理之间的联系。

➢ 第 2 章着手为萨拉的公司编制资产负债表。汤姆，我知道你对设置报表不感兴趣，但本章有助于理解会计基本原理的应用。

➢ 第 3 章简要介绍损益表、现金流量表，以及这两张报表与资产负债表之间的联系。

➢ 第 4 章将编制 SBL 公司的损益表及现金流量表。

➢ 第 5 章将讨论会计处理实务。

克里斯，为什么要从资产负债表开始？在 Wingate 公司的年报中，损益表排在前面。这使我很困惑，我们不是应该从损益表开始吗？

不。应该先介绍资产负债表，你会在后续章节中找到具体原因。

第二部分 对会计报表的解释和分析

阅读完前五章，你应该能够理解会计基本原理，同时也应该能够理解 Wingate 公司的报表。

为保证没有遗漏，在第 6 章中，我们要深入探讨 Wingate 公司的报表，在第 6 章之后，希望你能够熟练掌握报表的处理。

掌握公司报表虽然很重要，但这并不能帮助你洞悉企业生产经营的全貌。因此我们需要掌握如何分析报表。第7章将介绍财务分析的方法，通过财务分析我们能够了解企业所追求的目标以及如何实现这一目标。为便于分析，我们将企业分成两部分——经营活动和资金结构。

第8章及第9章将分别介绍Wingate公司的经营活动和资金结构。

到目前为止，我们所有的分析内容都是关于了解企业的经营业绩，还没有涉及潜在投资者比较关心的公司价值问题。我们不会详细叙述投资分析，但第10章会介绍大部分投资者如何通过公司业绩来评估企业价值。

第三部分　上市公司报表

我们希望你在完成上述内容之后能够将其应用于实践。汤姆，在你将其应用于实践之前，或者至少在你开始查看你想投资的公司的报表之前，有一些事情你需要知道，这些公司的报表并不会和Wingate公司完全一样。

- 第11章将介绍上市公司的报表（“上市”是指这些公司的股票能够在股票市场上买卖交易）。
- 第12章将分析在介绍Wingate公司时并没有涉及的上市公司常见的报表问题。

讲完这些，剩下的事情就要靠你自己了，更多未尽事宜请登录我们的网站。

目　录

CONTENTS

第一部分　会计基础

第二部分 对会计报表的解释和分析

第三部分 上市公司报表

第一部分

会计基础

第1章/*Chapter One*

资产负债表和会计基本原理

首先，我要解释什么是资产和负债，这么做主要是为了消除误解。接下来，将解释什么是资产负债表，并向大家展示如何编制个人资产负债表。然后介绍如何将这些知识应用于公司的资产负债表。

最后，我将解释我所说的会计基本原理的含义，并且你们会看到资产负债表仅是基本原理的应用。同时，我还会展示资产负债表如何用图的形式表现出来，这种用图形表示的资产负债表要比填满数字的表格形式的资产负债表处理起来容易得多。

资产、负债和资产负债表

通常来说，个人和公司都拥有资产和负债。

资产可以是以下两类东西：

➢ 你拥有的东西。例如，现金、土地、建筑、存货、商标、持有的其他公司的股票等。

➢ 他人拥有的你的东西。如目前归他人所有的属于你的东西。通常是金钱，但也可能是其他任何东西。

负债是你欠他人的东西，以及到期需要交出的东西。负债通常是金钱，但也可能是其他其他东西。

资产负债表只是一张表格，它列示了所有资产和负债，以及每一种资产和负债在某一特定时间点的价值。

萨拉的个人资产负债表

先让我们看一下如何将萨拉所有的资产和负债填写在一张表格中，然后再有效地建立起萨拉的个人资产负债表。这会是一件非常有趣的事情（见表 1－1）。

表 1－1　　萨拉的个人资产负债表　　单位：英镑

萨拉的个人资产负债表 今天		
资产		
房屋及屋里的物品	100 000	
在 SBL 公司的投资	10 000	
养老金计划	2 000	
珠宝	1 000	
借给哥哥的钱	500	
总额		113 500

续前表

萨拉的个人资产负债表 今天		
负债		
房屋抵押贷款	(60 000)	
信用卡欠款	(500)	
银行透支	(1 500)	
未付的电话费账单	(500)	
总额		(62 500)
净资产		51 000
净值		
遗产继承	30 000	
积蓄	21 000	
总额		51 000

说明：括号用来表示负数。

克里斯，表的上半部分很好理解。我们仅使用一个简单列表，列示了我的所有资产以及它们的价值，也列示了我欠他人的金额。

这里有一些我不理解的东西。为什么负债要用括号括起来？“净资产”是什么意思？我一直不确定，当别人使用“净”这个字的时候，他们是什么意思？

“净”的意思是扣除一些其他东西后的值。你一直不理解的原因是他们没有解释扣除了什么。

在这个案例中，我们将所有的资产加总，共计 113 500 英镑。尽管我们经常省略“总”字，称之为资产，但其实这就是总资产。接下来，我们将负债从这些资产中扣除。在会计世界中，括号是一种通用的记录方式，用来表示负数。这里的总负债是 62 500 英镑，因此我们从资产中扣除这个数字后，剩余的 51 000 英镑即为净资产。

你的净资产金额即为你卖掉所有资产并偿还所有负债后的剩余。换句话说，你的净资产就是你的价值。

现在已经列出了我的资产和负债，并且列出了它们的价值。这似乎就是你们所说的资产负债表。那么在下半部分的“净值”是什么呢？

这是一个值得研究的问题。我对资产负债表的描述并不完全精确。如同列示了你的资产和负债以及你的价值是 51 000 英镑一样，资产负债表也要显示出你的价值是如何形成的。

为什么你的价值会是 51 000 英镑？是由下列两种方式形成的：

1. 你获得了一部分资产。在本例中，你继承了 30 000 英镑的遗产。这实际上是你开始就有的，是不需要去挣的。

2. 从参加工作开始，你一定会有一些积蓄。它们不单单指银行存款或手上的现金，还包括可以变现的资产，如房屋、珠宝等。换句话说，你的积蓄是你所挣的钱扣除在食品、饮料和度假等上的花销后的金额。

本例中，萨拉到目前为止一共积攒了 21 000 英镑。有一点值得注意的是，资产负债表中并没有把这部分标注为现金；这 21 000 英镑可以是多种形式的资产。

你获得的加上你积攒的一定是你今天的价值，即等于你的净资产。这被我们表达为资产负债表等式：

净值＝(总)资产－负债

所有问题看起来都很简单。那么，如何把以上所讲的应用于公司的报表呢?

公司的资产负债表的所有内容与上述完全相同。

公司的资产负债表

我将为大家总结 Wingate 公司的资产负债表。一个公司拥有许多种类的资产和负债，后文中会一一讲到。现在，我将把这些资产和负债简单地归为几类（见表 1－2)。

表 1－2　Wingate 公司资产负债表　单位：千英镑

Wingate 公司资产负债表 第 5 年 12 月 31 日		
资产		
固定资产	5 326	
流动资产	3 482	
总资产		8 808
负债		
流动负债	(2 906)	
长期负债	(3 055)	
总负债		(5 961)
净资产		2 847
所有者权益		
资本投资	325	
留存收益	2 522	
所有者权益总额		2 847

我会尽可能将不同种类的资产和负债解释清楚，让你们立刻知道它们是什么。

➢ **固定资产**：一个公司用来长期持续经营（而不是卖给客户）的资产，如建筑物、机器、车辆、电脑。

➢ **流动资产**：预期一年内出售或变现的资产，如存货、客户欠你的货款。

➢ **流动负债**：预期在下一年偿还的债务，如欠供应商的货款。

➢ **长期负债**：预期在一年后偿还的债务，如银行贷款。

就像萨拉的个人资产负债表那样，我们将所有资产相加后减去所有负债，得到公司的净资产：

8 808－5 961＝2 847(千英镑)

现在，请看表中的所有者权益一项。它相当于个人资产负债表中的净值，只不过换了一种说法。它与个人资产负债表中的净值一样，显示了净资产是如何得出的。

资本投资是股东（即所有者）投到公司的钱。话句话说，它是一家公司运营伊始即拥有的，等同于个人资产负债表中的遗产继承。

尽管我说资本投资是公司伊始即拥有的，但它不仅指公司期初建立时所有者投资的钱，也包括股东在任何时间投入的钱。就好比个人可以在任何时间点继承遗产一样。

留存收益是公司赚得或者说“存下”的钱。客户从公司购买产品和服务需要付钱。当然公司也要支付一些费用（购买原材料、支付员工工资等)。

公司希望从客户处挣得的钱多于公司的费用，这样才会有利润产生。

接下来公司会拿出一部分利润分给纳税人和股东，剩下的部分就是留存收益。这等同于个人资产负债表中的积蓄。

我要重点强调一下，萨拉，当我们说你的积蓄是 21 000 英镑时，并不意味着你一定在某家银行有 21 000 英镑存款。同样地，留存收益也很少是现金形式，它通常由各种不同的资产组成。

因此，可以由个人资产负债表等式推出适用于企业的等式：

所有者权益＝资产－负债

2 847＝8 808－5 961

资产负债表等式的重新排列

所以，克里斯，如果我的理解是正确的，净资产就是卖掉所有资产且偿还所有负债之后的剩余。这个金额是属于股东的；因此，实际上“所有者权益”只是净资产的另一种表达形式。是这样吗？

是的。

所以，最终公司是不拥有任何东西的。我的意思是，虽然公司拥有这些资产，但倘若将这些资产卖掉，公司需要偿还所有债务并且将剩余部分分配给股东。

是的，毕竟公司是一群投资者（即股东）用于管理其投资的法律形式。最后，剩余的价值归股东所有而不是公司。从这个角度看，公司的资产负债表等式的写法会有略微不同，我们通常将其称为会计恒等式。

资产＝所有者权益＋负债

8 808＝2 847＋5 961

会计恒等式的意思是说，资产必须正好等于负债与所有者权益的和。

我们可以进一步简化会计恒等式。正如刚刚提到的，公司的所有资产都归个人所有，他们可以是员工、供应商、银行或者股东。个人拥有一类或所有资产的所有权，即权益。因此，可以说资产必定等于资产的所有权（权益）：

资产＝所有权(权益)

这个等式是会计学的基本原理：任何时候公司的资产都必须等于资产的所有权（权益）。正如所看到的，资产负债表仅是将原理用于实践。当我们讲完的时候，你会发现公司报表中的所有项目是怎样与该原理联系起来的。

用这种简单的方式阅读资产负债表的优点是，我们能够用图的形式将资产负债表表示出来。制作出 SBL 公司的资产负债表图，就更容易看到发生了什么。

资产负债表图

如图 1－1 所示，资产负债表图由两根立柱组成，每一根立柱又分别由一些箱子组成。

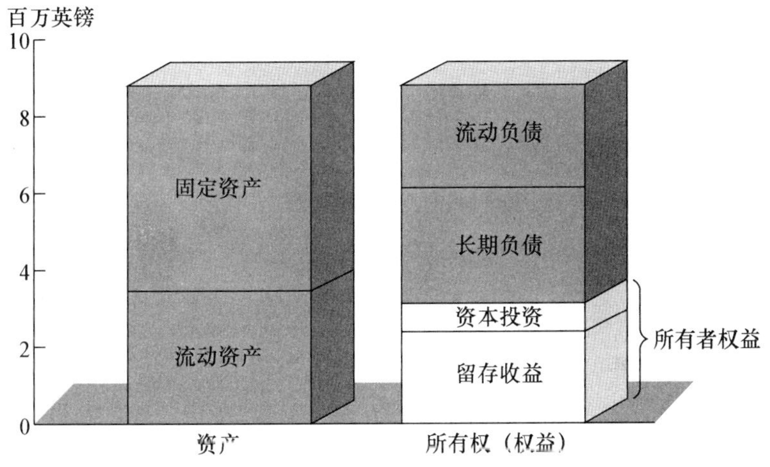

图 1－1　Wingate 公司的资产负债表图

➢ 每一个箱子的高度即为相关资产和负债的价值。

➢ 资产立柱（左侧的立柱）是所有资产由下至上堆积起来的，因此，立柱的高度即为公司全部资产的总价值。

➢ 将图 1－1 与 Wingate 公司的资产负债表（表 1－2）进行对比，你会看到，固定资产的箱子高为 5 326 千英镑，流动资产的箱子高为 3 482 千英镑。立柱高 8 808 千英镑，即为 Wingate 公司的资产总额。

➢ 所有权立柱（右侧的立柱）显示了公司资产的所有权。立柱的上半部分显示了对第三方的负债，它们必须在某一时刻被偿还。下半部分显示了股东的所有权（所有者权益），它表示所有资产被出售时股东的所得。

再次将图1-1与表1-2进行对比，可以看出箱子的高度是如何与每个项目相匹配的。正如预料的那样，立柱的高度即为负债与所有者权益的总和。

这幅图中最重要的一点就是两根立柱的高度是相同的。根据会计恒等式，这是一个事实。

在企业运营的过程中，资产负债表中的所有不同项目都在持续变化。这意味着，资产负债表图中的立柱和箱子的高度会不断变化。但无论它们如何变化，资产立柱的高度总是与所有权立柱的高度相同。

正如你在这里解释的，克里斯，我想我已经理解了。实际上，这些看起来都很简单。但我认为我还是不能自己一个人编制出SBL公司的资产负债表。

可能是这样的。但我保证不久你就能够做到，你会发现这是一件很简单的事情。但在这之前，让我们总结一下到目前为止都讲了些什么。

本章小结

- 资产是企业自己拥有的或者被他人拥有的东西。

➢ 负债是企业欠别人的东西。

➢ 企业的资产负债表由两部分组成：

1. 企业资产和负债，以及它们在特定时间的价值。进而可以推算出企业的净资产，也就是属于股东的价值。

2. 解释净资产是如何形成的。有两种方式：

(a) 股东投资到企业的钱；

(b) 企业所得利润留存下来的部分（不包括支付给股东的部分）。

➢ 第三方或公司股东拥有企业所有资产的所有权。

➢ 无论如何，资产必然等于资产的所有权（权益）。这即是会计的基本原理。

第 2 章/*Chapter Two*

编制资产负债表

现在你已经知道什么是资产负债表以及如何阅读这张报表了，本章我们要动手编制资产负债表。首先，我们简要介绍资产负债表的编制流程，然后逐步编制 SBL 公司的资产负债表。

资产负债表的编制流程

我们一般在某一特定的日期编制资产负债表，公司会在这一日期关闭所有交易并作出一些调整：

➢ 交易是指能够影响公司财务情况的一切事项，包括从股东及银行处筹集资金、采购原材料、支付员工薪酬、销售产品等。

➢ 大型企业每年会处理成千上万项交易，因此需要设置庞大的会计机构并使用计算机系统。但事实上，不论企业规模如何，会计基本原理是一样的。

➢ 即使企业已经在资产负债表日关闭所有交易，我们还是需要做出一些调整，以使资产负债表能够反映企业真实的财务状况。

请谨记，资产负债表反映的是企业某一时点的财务状况——几秒钟之后，企业的财务状况就可能会发生变动，即使这种变动很轻微。

SBL 公司的资产负债表

SBL 公司在经营的第 1 年处理了上百项交易。与其逐一查看这些交易，不如将其汇总为一个易于管理的总数。此外，我们还需要确认三项调整事项（见表 2－1）。

表 2－1　　SBL 公司第 1 年交易及调整事项汇总

SBL 公司 第 1 年交易及调整事项
1. 发行股票 10 000 英镑。
2. 向萨拉父母借款 10 000 英镑。
3. 支付 9 000 英镑购入汽车。
4. 购入价值 8 000 英镑的库存（货到付款）。
5. 赊购价值 20 000 英镑的库存。
6. 出售库存，成本 6 000 英镑，售价 12 000 英镑，现金结算。
7. 出售库存，成本 12 000 英镑，售价 30 000 英镑，赊销。
8. 租入办公设备，租金 2 000 英镑，信用结算。
9. 支付汽车运营成本 4 000 英镑。
10. 支付贷款利息 1 000 英镑。
11. 收回应收账款 15 000 英镑。
12. 偿还应付账款 10 000 英镑。

续前表

SBL公司 第1年交易及调整事项
13. 预付货款8 000英镑。
14. 支付股利3 000英镑。
15. 调整尚未支付的电话费账单2 000英镑。
16. 调整固定资产折旧3 000英镑。
17. 调整预期税金4 000英镑。

即使你目前无法理解这些项目也不要紧，本书后续章节会进一步详细解释。

我们需要做的是了解这些交易及调整事项对SBL公司资产负债表的影响，以下的一系列图将帮助我们完成这项工作：

➢ 每项交易或事项调整分别对应一张图。

➢ 每张图分别包含两张资产负债表——交易或调整事项发生前的资产负债表、交易或调整事项发生后的资产负债表。

➢ 阴影部分为每项交易或调整事项带来的影响。

交易事项发生前，SBL公司没有任何资产，也没有相对应的（现时）权益。

事项1：萨拉首先投入10 000英镑自有资金，以启动公司运营。因此她收到一张权益证书，证明她持有公司10 000英镑的股票，公司承认她因此享有对公司资产的要求权。

既然公司没有其他资产或负债，那么这10 000英镑全部归属于唯一的股东萨拉所有。

为了记录这项交易，我们将货币资金调增10 000英镑，同时调增股本 10 000 英镑，这就是该项交易完成后的资产负债表（见图 2－1）。

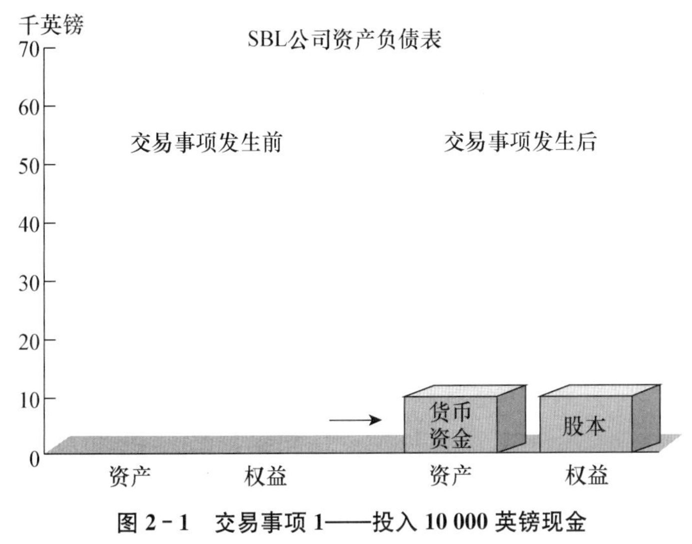

图 2－1 交易事项 1——投入 10 000 英镑现金作为 SBL 公司初始资本（股权资本）

事项 2：SBL 公司需要的资金超过萨拉自己所能负担的程度，因此，她说服父母借给公司 10 000 英镑。

本次交易事项发生前的资产负债表与交易事项完成后的资产负债表有相同的部分（10 000 英镑的货币资金与 10 000 英镑的股本没有发生变动）。

一方面，本次交易事项使公司货币资金增加，因此，我们将货币资金调增 10 000 英镑。另一方面，本次交易导致公司出现负债。公司需要在未来某一时点归还萨拉父母 10 000 英镑。他们说过，未来三年无须归还，因此这是一项长期借款（见图 2－2）。

需要注意以下两点：

➢ 资产总额与权益总额始终相同。

➢ 萨拉作为股东，她的财富并没有因为这项交易而发生变化——她对公司资产始终享有10 000英镑的要求权。

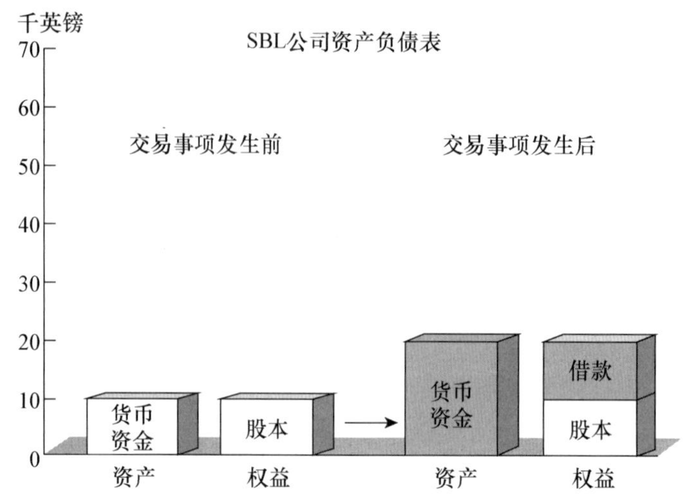

图2-2　交易事项2——从萨拉父母处借款10 000英镑

事项3：萨拉想要开始经营，首先需要一辆汽车，才能拜访潜在客户以及送货。汽车成本9 000英镑。

萨拉用货币资金购入汽车，因此，我们调减货币资金9 000英镑，同时调增固定资产9 000英镑。公司资产总额并没有发生变化（见图2-3）。

本次交易事项并没有引起公司权益项目发生变化，因此，公司权益总额没有改变，资产负债表始终保持平衡。

事实上，我并没有支付现金，克里斯，我是用支票支付的。

事实虽然如此，但对于会计人员来说，现在支付现金与 30 天之后支付现金并没有实质性区别。采用支票或银行本票支付与现金支付几乎相同，因此，我们将其统称为现金支付。

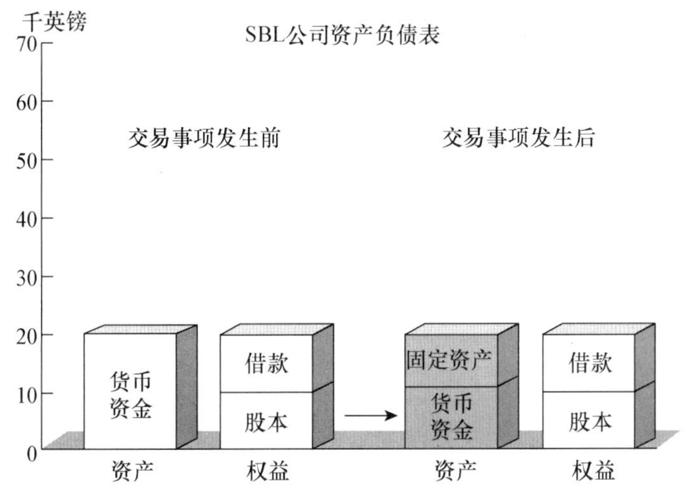

图 2-3　交易事项 3——购入 9 000 英镑固定资产（汽车）

事项 4：因为供应商不了解 SBL 公司的支付能力，因此萨拉购入的第一批仿真花需要在采购时立刻付款。本次交易事项与上次交易事项几乎相同。我们需要调减货币资金 8 000 英镑。另一方面，我们设置存货科目，调增 8 000 英镑。公司资产总额保持不变（见图 2-4）。

需要注意的是，到目前为止，我们所有的交易事项都涉及资产负债表的两个科目。很明显，如果我们要调整一个科目，必须同时以相同金额调整对应科目。

这就是复式记账法，复式记账法是对每项经济业务按相等的金额在两个或两个以上有关账户中同时进行登记的方法。如你所见，复式记账法并不困难。复式记账法的基本原理是资产恒等于权益。

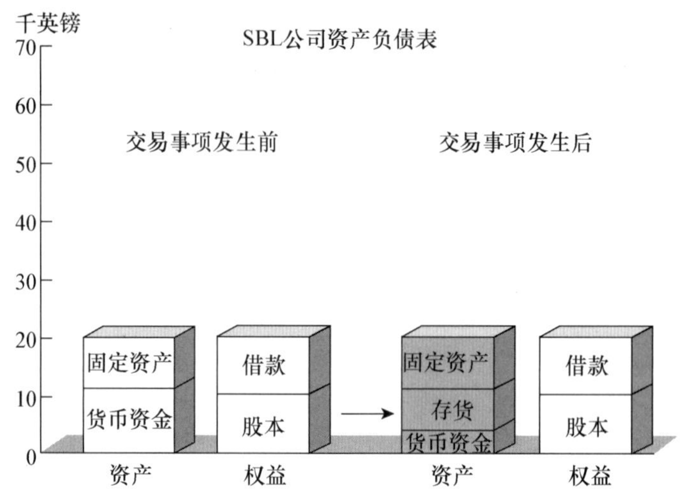

图 2-4　交易事项 4——购入 8 000 英镑存货（现金采购）

事项 5：萨拉与供应商达成一致，SBL 公司可以在购货后 60 天内付款。这使得萨拉能够先出售一部分存货，收回货款。（否则她很可能没有足够的资金向供应商支付货款。）

存货项目调增 20 000 英镑。本次交易并不会引起货币资金发生变化。我们需要设置一个与供应商相关的负债类科目。供应商对于公司资产有相应的要求权。与供应商相关的负债科目称为应付账款。因此我们调增应付账款 20 000 英镑（见图 2-5）。

值得注意的是，截止到目前，所有的交易事项都没有改变股东萨拉的财富。她对公司资产的要求权始终是最初投入的 10 000

英镑。

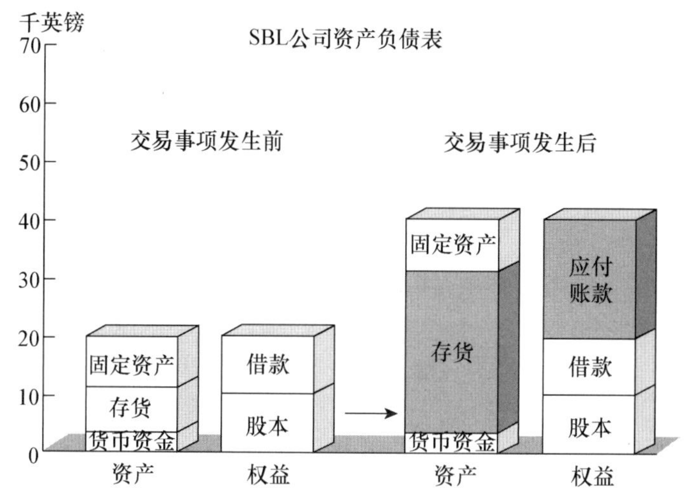

图 2-5　交易事项 5——购入 20 000 英镑存货（赊购）

事项 6：SBL 公司出售库存，成本 6 000 英镑，售价 12 000 英镑，现金结算。本次交易盈利 6 000 英镑，这部分盈利全部归属于股东，因此本次交易会引起股东财富发生变化。

我们需要调增货币资金 12 000 英镑（即 SBL 公司收到的现金），调减存货 6 000 英镑（即存货成本）。因此，资产总额增加 6 000 英镑。

我们设置一个权益类科目留存收益，调增 6 000 英镑。这意味着权益增加 6 000 英镑，资产负债表始终保持平衡（见图 2-6）。

需要牢记的是，所有者权益总额等于股本与留存收益之和。SBL 公司的股东权益等于萨拉投入的股本 10 000 英镑加上本次交易产生的留存收益 6 000 英镑。SBL 公司履行了公司存续的使命：增加股东财富。

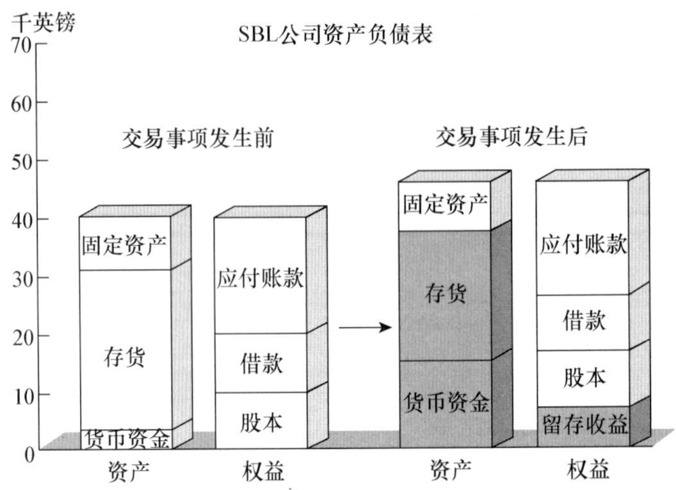

图 2－6　交易事项 6——出售库存，成本 6 000 英镑，售价 12 000 英镑，现金结算

事项 7：SBL 公司赊销库存，成本 12 000 英镑，售价 30 000 英镑，本次交易的不同之处在于，萨拉的客户不需要立刻支付货款，萨拉开出发票以便日后结算。

除会计恒等式外，我们在登记账户时还需要考虑两项基本原则。其中之一就是权责发生制。权责发生制是指收入和费用的确认应当以实际发生为标准，不论款项是否支付。因此，不论对方是否付款，我们都应当在 SBL 公司发货时确认收入。

> 我并不觉得这很重要，克里斯。

这涉及何时确认利润的问题。下面的例子有助于理解。假设周一你以 40 英镑的价格购入两张音乐会门票，周二你将这两张门票以

50 英镑的价格卖给了朋友，你允许朋友周三付款。那么，这三天中，你究竟是哪天赚到了 10 英镑的利润?

我想，应该是周二。

事实上，就是你交货的那天。我们根据同样的原则确认公司的某一交易事项的盈利应该归属于哪一年份。

让我们回到 SBL 公司，看看它应该如何处理这项业务。我们需要设置一个新的资产类账户应收账款，它代表客户尚未支付给 SBL 公司的货款，调增应收账款 30 000 英镑，调减存货 12 000 英镑，即已经出售的存货。资产总额增长 18 000 英镑，这就是本次交易的利润。

这 18 000 英镑的利润归属于股东，因此我们将留存收益调增 18 000 英镑，资产负债表始终保持平衡（见图 2－7）。

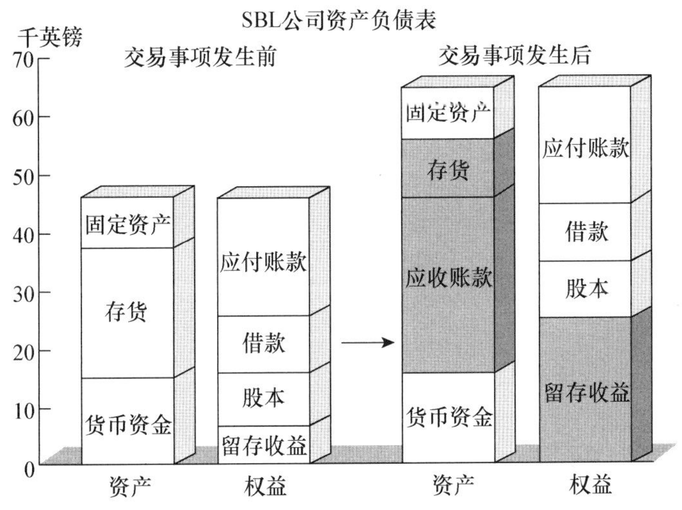

图 2－7　交易事项 7——赊销库存，成本 12 000 英镑，售价 30 000 英镑

事项8：萨拉决定租赁所需要的办公设备（计算机、传真机等）。她从一个经营办公用品的朋友那里得到了所需要的设备，朋友开出2 000英镑的账单，允许她在日后资金充裕时再付款。

SBL公司并没有在交易发生时支付现金，因此负债增加2 000英镑。我们需要将应付账款调增2 000英镑。

那么，与之对应的另一个资产负债表科目是什么呢？我们并没有购入设备，所以不能将其称为固定资产。而且办公设备的使用寿命一般不到一年。

这一科目就是我们所说的公司运营成本。销售货物能够产生利润，公司运营成本会使利润减少，进而减少股东财富。

根据复式记账原理，我们同时调减留存收益2 000英镑，使资产负债表始终保持平衡（见图2－8）。

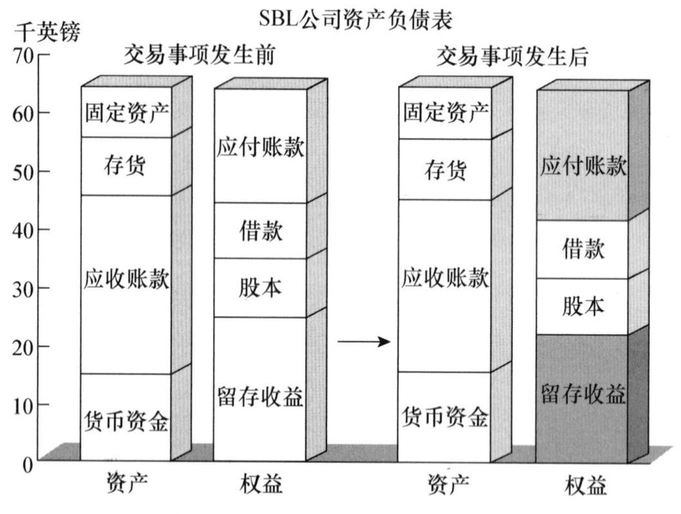

图2－8 交易事项8——租入办公设备，2 000英镑，信用结算

事项9：萨拉需要以现金支付汽车油费、养护费等。

本次交易会使企业货币资金减少4 000英镑。现金减少，本次交易产生了公司的另一项运营成本。留存收益减少4 000英镑，股东财富也相应减少（见图2-9）。

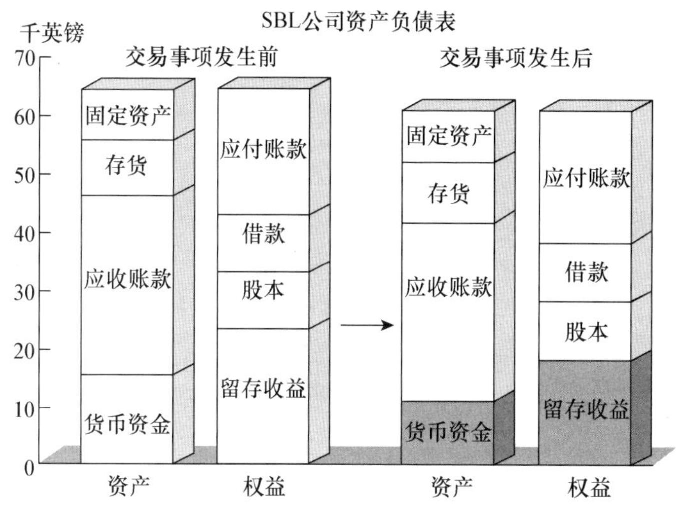

图2-9　交易事项9——支付汽车运营成本4 000英镑

事项10：萨拉的父母慷慨地表示，未来三年不需要归还借款，但他们需要萨拉支付利息。萨拉承诺，每年支付10%的利息，因此，SBL公司年末支付了1 000英镑的利息。

利息以现金支付，因此货币资金调减1 000英镑。支付利息使股东财富进一步减少，因此留存收益调减1 000英镑（见图2-10）。

事项11：如前所述，萨拉本年赊销商品30 000英镑。我们针对交易事项7做了相应的会计处理。年末，萨拉从债务人处收回15 000英镑。

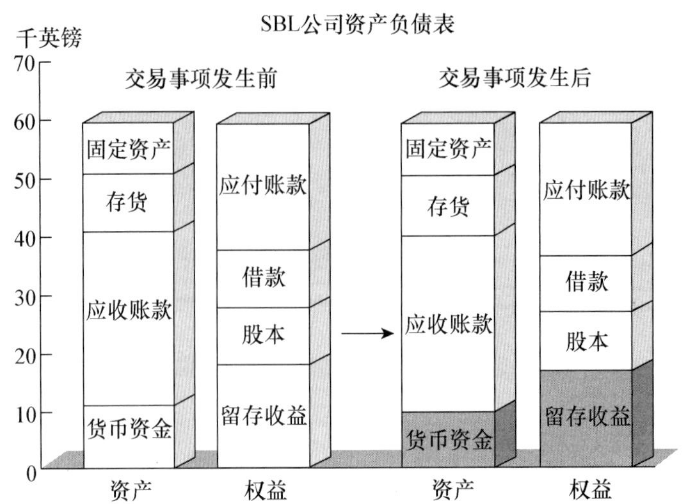

图 2-10　交易事项 10——支付长期借款利息 1 000 英镑

本次交易的处理很简单。货币资金调增 15 000 英镑，应收账款调减 15 000 英镑（见图 2-11）。

值得注意的是，本次交易并不会影响留存收益。我们已经在货物发出时确认了本次交易产生的利润（交易事项 7）。本次交易仅仅是收回上次交易的现金。

事项 12：与赊销类似，萨拉本年赊购 20 000 英镑的货物，这部分货款需要陆续支付。本年，萨拉支付应付账款 10 000 英镑。

我们调减货币资金 10 000 英镑，调减应付账款 10 000 英镑。与收回应收账款相同，本次交易并没有对利润产生影响（见图2-12）。

事项 13：年末，萨拉向一位新的供应商预付一部分货款。这批货物在资产负债表日尚未发出。

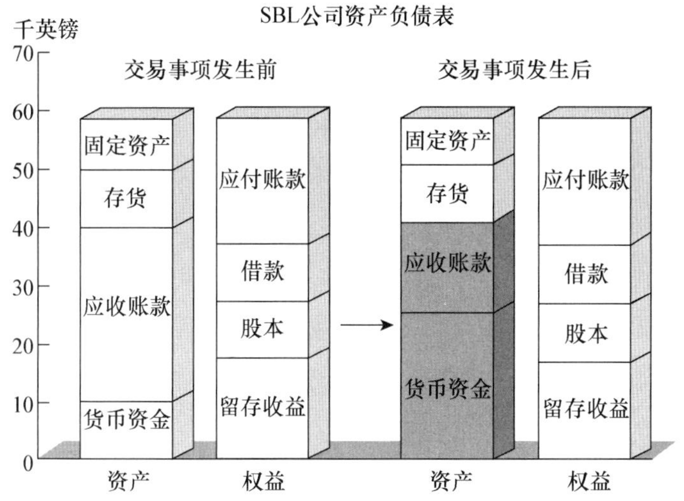

图 2-11 交易事项 11——收回应收账款 15 000 英镑

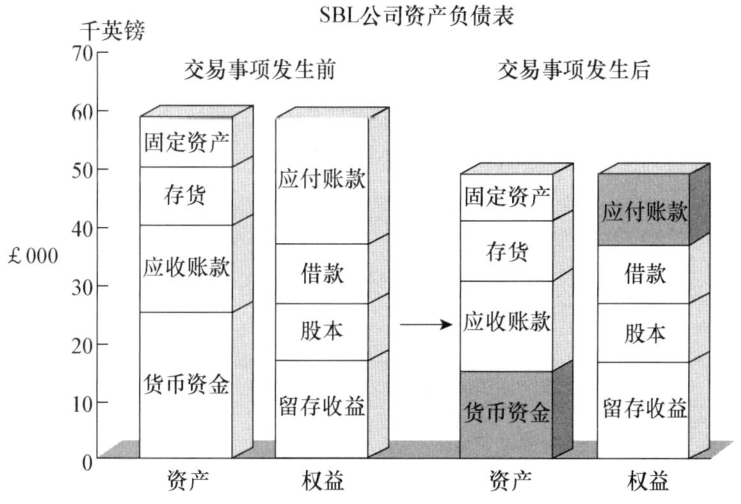

图 2-12 交易事项 12——支付应付账款 10 000 英镑

SBL公司预付货款之后，调减货币资金8 000英镑。那么，对应的另一个资产负债表的科目是什么？

本次交易是否会引起股东财富的变化？答案是否定的，因为SBL公司虽然支付了8 000英镑的现金，但是对方公司欠SBL公司8 000英镑的货物，这是SBL公司的一项资产。

我们设置一个资产类科目预付账款，调增8 000英镑。这意味着对方公司欠SBL公司8 000英镑的货物。我们将“公司已经支付现金，但尚未收到货物或劳务”称为预付账款。

资产负债表始终保持平衡（见图2-13）。

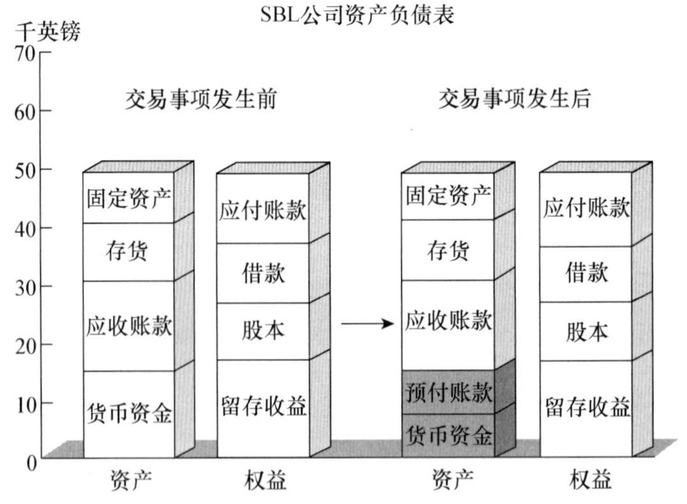

图2-13　交易事项13——预付订货款8 000英镑

事项14：年末，尽管萨拉并没有设置完整的报表，但她了解公司已经盈利。公司银行存款充裕，因此作为股东，她决定支付股利。

公司以现金支付股利，因此货币资金调减3 000英镑。股利是指公司分配给股东的那部分利润。因此，留存收益调减3 000英镑（见

图 2－14）。

所以说，留存收益是指公司的盈利减去支付的股利？

正确。

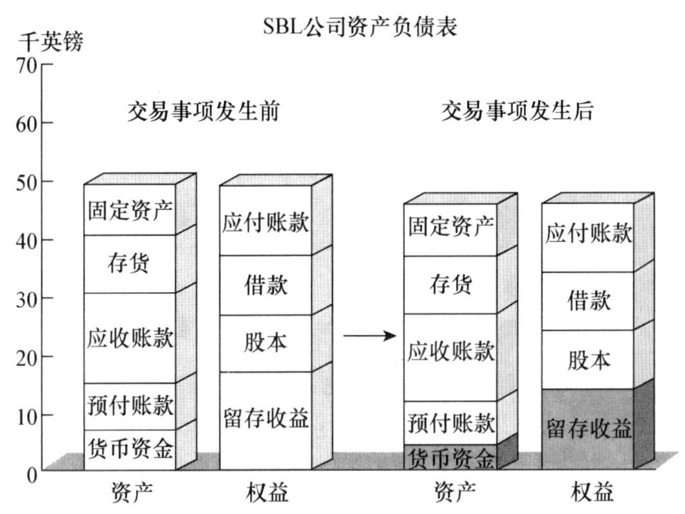

图 2－14　交易事项 14——支付股利 3 000 英镑

事项 15：SBL 公司尚未收到电话费及传真费账单，但迟早会收到，萨拉估计账单金额为 2 000 英镑。

即使对方尚未付款，我们也要在发货时确认销售，这就是会计处理的权责发生制原则。这条原则也适用于确认费用。无论是否支付，SBL 公司都应该于发生时确认相应的电话费及传真费。

我们调减留存收益 2 000 英镑，设置一个新的权益类账户预提费用，记录这 2 000 英镑的费用。预提费用是指已经发生但尚未支付的费用（见图 2－15）。

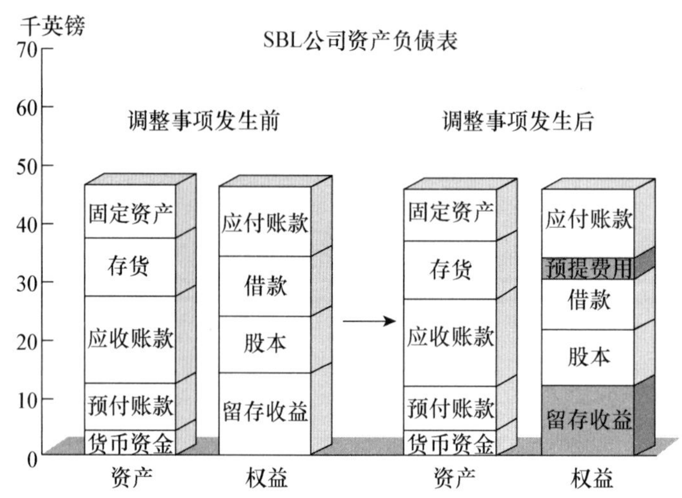

图 2－15 调整事项 15——调整尚未支付的电话费账单 2 000 英镑

事项 16：萨拉购入汽车时，我们已按照初始金额将其计入资产负债表。本年中，萨拉驾驶汽车走访客户，汽车的价值会发生减损，这就是折旧。折旧意味着股东财富发生减损，原因在于如果现在出售这项资产，股东收回的现金将比初始入账金额少。

换言之，萨拉作为股东，使用汽车会产生成本，我们需要将这项成本入账。

具体步骤如下：

➢ 初始计量时，我们按照购入金额计入资产负债表（如交易 3 所示）。

➢ 估计预计可使用年限。

➢ 在预计可使用年限内，对应计折旧额进行系统分摊。

本例中，SBL 公司估计该汽车预计可使用寿命为三年。我们在三年内，对应计折旧额进行逐步分摊。本年末，该汽车的价值将减少 1/3，即由 9 000 英镑减至 6 000 英镑。我们据此调减固定资产净值。如果资产的价值发生减损，那么股东财富也会相应减损，因此，我们调减留存收益 3 000 英镑（见图 2－16）。

固定资产原值减去累计折旧后的金额称为账面净值。值得注意的是，固定资产账面净值并不一定等于现行市价。

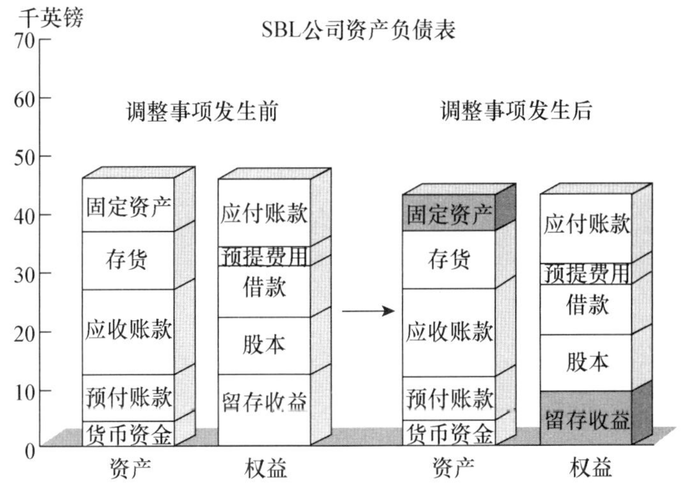

图 2－16　调整事项 16——调整固定资产折旧 3 000 英镑

事项 17：SBL 公司需要缴纳一部分公司所得税，具体金额取决于公司的盈利状况。由于计税规则很复杂，因此我们很难准确计算出具体税负金额，但可以进行合理估计。经估算，SBL 公司本期税负约为4 000 英镑。

我们设置一个负债类账户金，调增 4 000 英镑。对应科目仍为留存收益，原因在于这 4 000 英镑本归属于股东。缴纳税负使股东财富减损。

至此，SBL公司本年所有交易及调整事项均已处理完毕，可将图2－17视为SBL公司年末资产负债表。

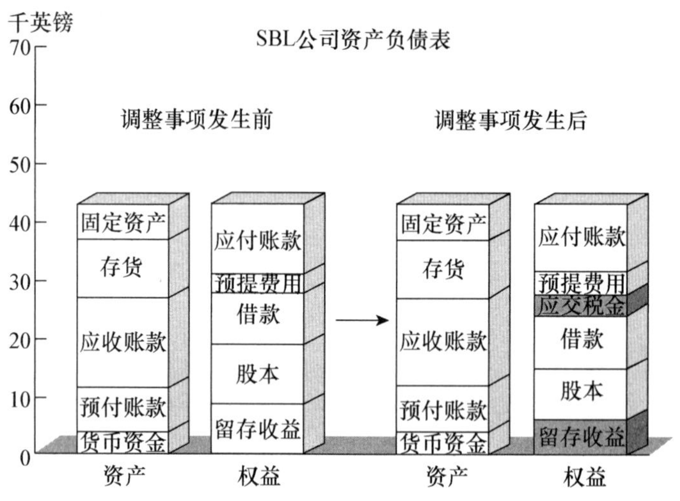

图2－17 调整事项17——调整应交税金4 000英镑

资产负债表的不同形式

现在，我们已经绘制了资产负债表图，应如何将其转换为真正的资产负债表呢？常见的资产负债表有两种形式，这两种形式的本质是相同。

“美式”资产负债表

前已述及，资产负债表的编制原则为会计恒等式：

资产＝权益＝负债＋所有者权益

根据这一恒等式编制的资产负债表如表 2－2 所示。表 2－2 可以理解为资产负债表图的数字版本。列示所有资产项目并加总求和。上方是资产项目，下方是权益项目。表 2－2 与资产负债表图的不同之处在于，我们将资产及权益项目进行分类列示。几乎所有美国公司都在应用这种资产负债表格式。

表 2－2　SBL 公司资产负债表：美式　单位：千英镑

SBL 公司 资产负债表——美式		
资产		
固定资产		6.0
流动资产		
存货	10.0	
预付账款	8.0	
应收账款	15.0	
货币资金	4.0	
流动资产合计		37.0
资产总计		43.0
权益		
流动负债		
应付账款	12.0	
预提费用	2.0	
应交税金	4.0	
流动负债合计		18.0
长期负债		10.0
所有者权益		

续前表

SBL公司 资产负债表——美式		
股本	10.0	
留存收益	5.0	
所有者权益合计		15.0
权益总计		43.0

“英式”资产负债表

如上文所述，资产负债表等式可以重新排列为如下形式的会计恒等式：

资产－负债＝所有者权益

这一恒等式是英国及很多欧洲国家常见的资产负债表编制原则。根据该会计恒等式编制的资产负债表能够更清楚地列示公司净资产的金额及来源（见表2-3）。当然，资产负债表中各项资产及负债项目并没有发生变化。

表2-3　　SBL公司资产负债表：英式　　单位：千英镑

SBL公司 资产负债表——英式		
净资产		
固定资产		6.0
流动资产		
存货	10.0	
预付账款	8.0	
应收账款	15.0	

续前表

SBL 公司 资产负债表——英式		
货币资金	4.0	
流动资产合计		37.0
流动负债		
应付账款	(12.0)	
预提费用	(2.0)	
应交税金	(4.0)	
流动负债合计		(18.0)
长期负债		(10.0)
净资产		15.0
所有者权益		
股本	10.0	
留存收益	5.0	
合计		15.0

为便于进行不同时期对比，比较常见的做法是在本期资产负债表中同时列示上期金额。SBL 公司是新成立的公司，并没有上期金额，读者可以参考 Wingate 公司的资产负债表（见本书附录 1）。

会计的基本概念

如前所述，除基本原理外，我们在进行会计处理时还应注意两项基本概念，这两项基本概念分别为：

➢ 权责发生制。

➢ 持续经营假设。

权责发生制

权责发生制概括如下：

➢ 本期发生的收入，无论款项是否收到，均确认为本期收入。

➢ 本期发生的费用，无论款项是否支付，均确认为本期费用。

持续经营假设

如前所述，所有者权益是指公司出售全部资产并偿还全部负债后股东的剩余要求权。这样理解所有者权益是理想且简化的。事实上，如果公司停止生产经营并出售全部资产，资产的变现价值并不一定等于资产负债表上的账面价值。例如：

➢ 一旦企业停止经营，可能很难收回应收账款。

➢ 固定资产的变现价值与账面价值不一定相同。

因此，持续经营是会计核算的基本假设之一，它不考虑企业停止生产经营的情况。

在介绍损益表及现金流量表之前，我们简要概括一下本章内容。

本章小结

➢ 资产负债表反映企业某一时点的财务状况。

➢ 企业发生的每一项交易都会影响其财务状况，都要记录在资产负债表中。

➢ 此外，还需要针对一些事项作出调整，资产负债表才能正式、完整地反映企业的财务状况。

➢ 资产负债表的处理要按照复式记账原理，始终保持平衡。

➢ 编制资产负债表的两项基本概念：

——权责发生制；

——持续经营假设。

第 3 章/*Chapter Three*

损益的会计处理及现金流量表

我们已经了解了资产负债表的样式以及资产负债表的编制流程，接下来介绍损益表及现金流量表。本章介绍损益表及现金流量表的样式及编制流程。

损益的会计处理

让我们从一个与个人损益相关的假设开始。假设汤姆是一个想借婚姻发财的人，正为财富追求萨拉。在汤姆向萨拉求婚之前，他最想知道什么？

她有多少财产？或者，她的净资产是多少？

如果萨拉今天的净资产为 25 000 英镑，去年同期的净资产为

20 000 英镑，那么汤姆是否会认为萨拉是理想的追求目标？

> 这个交易并不划算。

汤姆的想法并不正确。萨拉的净资产本年增长 5 000 英镑，造成这种现象的原因有很多，下面是两种截然不同的情况：

- 情况一，萨拉本年收入为 15 000 英镑，其中 10 000 英镑用于日常开支，结余 5 000 英镑。这 5 000 英镑可能用于购置实物资产，也可能只是存放在银行。萨拉年初的净资产为 20 000 英镑，加上本年结余的 5 000 英镑，得到的 25 000 英镑即为年末净资产。
- 情况二，萨拉一年前获得了一份薪水相当高的工作，她每年能够获得 500 000 英镑的收入。即使萨拉挥霍无度，平均每年也只能消费其中的 245 000 英镑，即每年结余 255 000 英镑。但是，今年萨拉需要支付哥哥的手术费，哥哥的病情已经好转，萨拉为此支付了 250 000 英镑。因此，萨拉本年仅结余 5 000 英镑。

汤姆，你觉得这两种情况下的萨拉有何不同？

> 第一种情况下，我绝对不会把她作为结婚对象。第二种情况下，如果萨拉没有其他生病的亲戚，我会比较感兴趣。

绝对正确。我们不仅需要了解萨拉本年的净资产是多少、她的净资产与上年相比有何变化，更需要了解萨拉是如何赚取这 5 000 英镑的。同理，我们需要对公司的财务表现做出明智的判断，损益表能够帮助我们实现这一目的。

由 Wingate 公司的资产负债表（见本书附录 1）可知，该公司留存收益（公司的结余）由2 243 000英镑增长到2 522 000英镑，增长了279 000英镑。在该公司损益表中，倒数第二行留存收益的金额显示为279 000英镑。这并不是巧合！损益表能够解释留存收益的来源及形成过程，这就是损益表的全部内容。

现金流量表

让我们回到汤姆的例子，假设汤姆发现，萨拉目前的净资产为10 000 000英镑，去年同期为9 000 000英镑。同时汤姆由萨拉的损益表得知，她的收入全部来源于银行存款利息。汤姆期望萨拉的巨额财产能够持续不断地增长。汤姆是否认为萨拉是理想目标？

> 我仿佛看到珠宝在闪闪发光，但我觉得你会告诉我这又是个错误的决定。

恐怕是这样，我们会介绍关于萨拉的更多信息。信托基金占据了萨拉绝大部分资金，这个基金是萨拉富有的祖父母创建的，这些利息收入也都纳入基金管理。虽然萨拉是这项基金的受益人，也是基金各项资产的实际拥有人，但是她在未来10年不能接触这些资产。同时，她在这10年里面临着资金短缺，甚至身无分文的困境。

汤姆，如果结婚之后才得知这种情况，你会怎样？

> 我想，会像泄气的皮球一样。

我们认为，无论个人企业多么富有，都可能面临资金链断裂的困境。没有资金，寸步难行。

道理我懂，但是我不明白这对公司来说意味着什么。

以 SBL 公司为例。交易事项 7 中，SBL 以 30 000 英镑的价格出售存货，允许客户延后付款。我们已经知道，这一交易事项使股东财富增加，但并没有立即产生现金流。直至交易事项 11，部分现金才得以收回。如果销售款项并没有收回，SBL 公司又面临偿还应付账款的压力，资金链很可能断裂。

事实上，很多企业并不是因为亏损而破产，而是因为资金链断裂。

企业资产负债表能够反映货币资金的期初及期末余额，但无法反映货币资金变化的过程及原因。现金流量表能够反映企业一定时期现金流的状态。

克里斯，我明白你的意思。但是 Wingate 公司的现金流量表（见本书附录 1）显示，本期现金减少 317 000 英镑，而资产负债表显示货币资金由 17 000 英镑减少至 12 000 英镑，减少了 5 000 英镑。

你说得对，但有一种更简便的理解方式。在会计术语中，现金流出只是负数的现金数额，它相当于你自己的活期存款账户余额。货币资金余额可能为正也可能为负。就好像 Wingate 公司有两个银行账户，一个余额为正，另一个余额为负。有关现金流出的会计处理细节请参见附注 11。现金流量表能够反映企业货币资金的变动，我们能够从现金流量表获得更多细节：

- 第 4 年年末，Wingate 公司现金流入 17 000 英镑，当期现金流出 621 000 英镑，净流量为−604 000 英镑。
- 第 5 年年末，Wingate 公司现金流入 12 000 英镑，当期现金流出 933 000 英镑，净流量为−921 000 英镑。
- 两期净流量相差 317 000 英镑，金额等于现金流量表反映的本期现金减少数。

定义式报表与描述式报表

我们先从会计的角度概括三张报表。

- 资产负债表反映企业某一时点的资产及负债状况。
- 损益表反映企业某一时期留存收益的来源及形成过程。
- 现金流量表反映企业现金流入及流出的来源及过程。

资产负债表是反映企业某一时点财务状况的定义式报表。它是反映企业时点状态的静态报表。损益表和现金流量表同样能够提供重要信息，不同之处在于它们是描述式报表：现金流量表反映资产负债表中某一项目的变化过程及原因。

如果有需要，我们也可以编制报表反映资产负债表中每一具体项目的变化过程及原因。事实上，Wingate 公司的报表附注就反映了资产负债表具体项目的变化过程及原因。固定资产由第 4 年年末的4 445 000英镑增加至第5年年末的5 326 000英镑。附注8表格的右下角显示了这两个数字。这个表格属于描述性报表，它反映固定资产项目本期变化的原因及过程。

年度报告中包含损益表及现金流量表的原因在于，这两张报表非常重要。

这些理由想必能够解释本书为何首先介绍资产负债表。

资产负债表的编制基础是会计恒等式。资产负债表是会计系统的核心，认识这一点对于理解会计核算非常重要。事实上，如果你能够很好地理解资产负债表以及复式记账原理，会计处理的其他事项会变得更加简单易懂。

如果你不知道如何对交易事项进行会计处理，那么首先要做的是分析这一事项对资产负债表的影响。如果这一事项能够对留存收益产生影响，则应计入损益表；如果对货币资金产生影响，则应计入现金流量表。

接下来我们介绍如何编制损益表及现金流量表，让我们先对本章内容加以总结。

本章小结

- 资产负债表是反映企业财务状况的定义式报表，它反映企业某一时点的资产、负债及净资产情况。
- 损益表属于描述式报表，它反映企业某一时期内留存收益变动的原因及过程。

➢ 现金流量表属于描述式报表，它反映企业某一时期内现金流入及流出的原因及过程。

➢ 我们可以为资产负债表中的每个项目编制描述式报表。年度报告中包含损益表及现金流量表的原因在于，这两张报表能够提供极其重要的信息。

第 4 章/*Chapter Four*

损益表和现金流量表

现在，我们已经了解了什么是损益表和现金流量表，接下来需要学会如何编制这两张报表。我们先来学习损益表。首先我会介绍最简单的损益表，然后进行略微调整使它更实用。最后，我们用同样的方式来学习编制现金流量表。

编制损益表

损益表清单

SBL 公司资产负债表的 17 个事项中，仅有 9 个影响公司的留存收益。表 4-1 列示了这 9 个事项。对于每一个影响留存收益的事项，我都标注了金额，并将导致留存收益降低的事项的金额用括号标注。这 9 个事项对留存收益的净影响为 5 000 英镑。

表4-1　　影响SBL公司留存收益的事项　　单位：千英镑

SBL公司 第1年影响留存收益的事项		
序号	交易/调整事项	留存收益影响额
6	卖出存货（现金结算）	6.0
7	卖出存货（赊销）	18.0
8	租入办公设备	(2.0)
9	支付车辆费用	(4.0)
10	支付借款利息	(1.0)
14	支付股利	(3.0)
15	计提应付电话费	(2.0)
16	计提固定资产折旧费用	(3.0)
17	计提应交税金	
	总计	5.0

说明：带括号的数字表示为负，即留存收益降低。

从资产负债表中可以知道，SBL公司的留存收益从0变为5 000英镑，正如我们在上一章学到的，损益表仅展示了在一段时期内留存收益如何变化。表4-1精确地显示：这就是你的损益。还能有比这更简单的吗？

> 的确很简单。但是它像Wingate公司的损益表一样，不能反映出任何东西。

是的，你说得对，它确实不能，这是因为这个损益表有两个矛盾的问题。一方面，它太详细了，大多数公司在一年内有上千笔交易，全部列示是不可能的，同时也很少有人有时间或是想去阅读这样的损益表，因此，我们要做的就是将这些交易分成几个简单的类别，然后概括性地呈现给报表阅读者。

另一方面，表 4－1 的损益表并不足够详细。它显示了 SBL 卖出存货获得了 24 000 英镑的收益（交易 6 和 7），但它没有显示为获得这些收益 SBL 公司卖出了多少存货。SBL 公司可能以 524 000 英镑的价格出售了成本为 500 000 英镑的存货；也可能以 30 000 英镑的价格出售了价值为 6 000 英镑的存货，这对留存收益的影响是一样的。

如果回头看交易 6 和 7 可以发现，事实上，SBL 公司是以42 000 英镑的价格卖出了价值为 18 000 英镑的存货。

更实用的损益表

因此，我们重新编写上面的损益表，如表 4－2 所示。

表 4－2　　**SBL 第 1 年交易的损益表**　　单位：千英镑

SBL 公司 第 1 年的损益表		
销售收入		42.0
销售成本		(18.0)
毛利润		24.0
经营费用		
销售和分销费用	(7.0)	
管理费用	(4.0)	
总额		(11.0)
营业利润		**13.0**
应付利息		(1.0)

税前利润	12.0
应交税金	(4.0)
税后利润	**8.0**
股利支付	(3.0)
留存收益	**5.0**

需要注意的几点是：

➢ 我们列示了这一年的销售收入总额（42 000 英镑）和销售成本（18 000 英镑）。我们把这两者的差（24 000 英镑）称为毛利润。毛利润就是产品销售影响留存收益的金额。

➢ 找出所有的经营费用并将其归类。任何与公司经营有关且不包括在销售成本里的费用均为经营费用。我们排除与公司融资相关的费用。因此，利息、税和股利这些取决于公司融资方式的费用都未列入经营费用中。在 SBL 的案例中，经营费用分为销售和分销费用（由车辆费用和折旧组成）以及管理费用（设备租金、办公和电话费）两类。

➢ 扣除经营费用的毛利润，我们称为营业利润，SBL 公司的营业利润为 13 000 英镑。

➢ 接下来，萨拉的父母收取利息 1 000 英镑，剩下 12 000 英镑的税前利润。

➢ 税前利润实际上是支付债权人利息后剩下的属于股东的利润（在这个案例中债权人为萨拉的父母）。正如个人所得税一样，在股东得到所有利润之前，税务机构会收取公司利润的一部分。因此，我们减去 4 000 英镑的税金。

➢ 剩下的税后利润全部归属股东所有。其中的一部分（3 000 英镑）作为股利支付给股东，剩下就是留存收益（5 000 英镑）。

克里斯，损益表这个词似乎造成了些许误导。在我看来，损益表展示了公司为股东创造的利润，即税后利润。接下来，公司拿出一部分税后利润作为股利分配给股东；股利与公司的损益无关。

你说得完全正确，它非常具有误导性，尤其对于会计新手。称它为“留存收益变化解释”也许更合适一些。前一段时间，会计准则当局决定用一个不同的方法解决这个问题。等我们讨论 Wingate 公司的时候，再回过头来看这个问题。

编制现金流量表

现金流量表清单

在我们编制的 SBL 资产负债表的 17 个事项中，有 11 个会影响公司期末的现金余额，它们都在表 4－3 中列示。这些事项中，有 4 个增加了公司拥有的现金；其他 7 个（用括号表示）使现金减少。这 11 个事项使公司现金的年末余额较年初余额增加了 4 000

英镑。

从资产负债表中我们知道，在这一年SBL公司的现金从0变为4 000英镑。表4-3列示了这4 000英镑是如何产生的，这就是现金流量表。

表4-3　影响SBL公司现金流的事项　单位：千英镑

SBL公司 第1年影响现金流的事项		
序号	交易/调整	现金影响额
1	发行股票	10.0
2	从萨拉父母处借款	10.0
3	现金购买固定资产	(9.0)
4	现金购买存货	(8.0)
6	卖出存货获得现金	12.0
9	支付车辆费用	(4.0)
10	支付借款利息	(1.0)
11	收到来自债务人的现金	15.0
12	支付货款	(10.0)
13	提前支付货款	(8.0)
14	支付股利	(3.0)
	总额	4.0

说明：和损益表一样，括号里的数字表示为负，它们减少了公司现在拥有的现金。

和损益表一样，这个列表显得冗长，并且对于大型公司来说没有信息含量。为了改善这一问题，我们将这些事项归为6类，如表4-4所示。

表 4-4　SBL 公司第 1 年的现金流量表　单位：千英镑

SBL 公司 第 1 年的现金流量表		
经营活动		
现金购买存货	(8.0)	
卖出存货获得现金	12.0	
支付车辆费用	(4.0)	
收到来自债务人的现金	15.0	
支付货款	(10.0)	
提前支付货款	(8.0)	
		(3.0)
资本支出		
购买固定资产		(9.0)
投资和筹资回报		
支付借款利息		(1.0)
税		
公司税		0.0
支付权益股利		
期中股利		(3.0)
筹资活动		
发行股票	10.0	
从萨拉父母处借款	10.0	
		20.0
净现金变化		4.0

➢ 经营活动包括与公司经营相关的所有项目。在 SBL 案例中，经营活动包括买卖存货、支付费用、收到来自债务人的现金、支付现金给债权人，或者提前支付货款。

➢ 资本支出包括所有买卖固定资产，这些固定资产能够使经营活动正常运行。在 SBL 的案例中，指购买汽车。

➢ 投资和筹资回报意味着支付贷款利息、股利，收到投资利息和公司拥有的现金存款。在SBL案例中，是指向萨拉的父母支付1 000英镑的借款利息。

➢ 税是指从公司利润中收取税金。在SBL案例中，税为应付但没有实际支付的款项，因此不影响现金。

➢ 支付权益股利是指向股东支付股利。在SBL案例中，股利为3 000英镑，支付给唯一的萨拉。

➢ 筹资活动包括所有为运营商业活动筹集资金的交易活动。在SBL案例中，是指向萨拉发行股票获得现金和向其父母借钱。

按照以上信息编制现金流量表的确更容易理解现金在交易中的流向。但是，对于经营活动部分，我们采用不同的编制方式。为了便于理解，我们必须考虑利润与现金流的关系。

利润和现金流

假设你决定在街边卖花，你必须在黎明时就到达市场，支付现金购入鲜花。然后，你需要在街边摆放摊位，把花卖给过往的客户。假设某天你卖掉成本为100英镑的鲜花，收入为150英镑，那么你当天的获利为50英镑。因为在当天结束时你的现金比最初多了50英镑，所以你当天的现金流量即为50英镑。

现在考虑另一种情形。假设你在周一买了一张2英镑的电话卡，周二你的朋友请你帮他打一个紧急电话，并且承诺支付给你3英镑（但是他星期三才能支付）。当你打完电话，你的朋友欠你3英镑，且应该在周三付给你 3 英镑。

让我们看看你这三天的利润和现金流（单位：英镑）。

	周一	周二	周三	总计
利润	0	1	0	1
现金流	(2)	0	3	1

周一，购买电话卡支付 2 英镑，但是这张电话卡仍价值 2 英镑，所以你并没有盈利或亏损。周一结束时，你的现金减少了 2 英镑，利润是 0。

周二，你为朋友提供了 3 英镑的服务。提供这种服务的成本是电话卡价值的折旧，电话卡的价值从 2 英镑变为 0。因此你当天的利润是 1 英镑，现金流是 0，因为你并没有支付或收到任何现金。

周三，你得到了朋友承诺的 3 英镑，所以尽管你的利润是 0，但你的现金流却是 3 英镑。

其中你需要注意两件事：

➢ 每天的利润和现金流是不一样的。大多数公司业务也是如此，每年的利润和现金流是不一样的（或者每月也不一样）。

➢ 三天利润和现金流的总和是一样的。大多数公司业务也是如此，在较长时间内总利润和总现金流是一样的。过程中每天二者之间存在差别只是因为时间问题。

这些信息构成了一种不同的现金流量表的基础。我们所要做的就是列示现金流应该等于利润，并进行数字调整来说明为什么不相等。

这种版本的SBL现金流量表显示在表4-5中。表4-5除了经营活动部分，其余与表4-4相同。正如你看到的，表中首先给出了营业利润，接下来我们对营业利润进行调整，以获取由于经营活动产生的现金流量。让我们依次看看这些调整。

表4-5　SBL公司现金流量表的重新表述　单位：千英镑

SBL公司 第1年现金流量表（重新表述）		
经营活动		
营业利润	13.0	
折旧	3.0	
购入存货	(15.0)	
支付货款	(10.0)	
提前支付货款	(8.0)	
赊销存货	12.0	
应计费用	2.0	
		(3.0)
资本支出		
购买固定资产		(9.0)
投资和筹资回报		
支付借款利息		(1.0)
税		
公司税		0.0
支付权益股利		
期中股利		(3.0)
筹资活动		
发行股票	10.0	
从萨拉父母处借款	10.0	
		20.0
净现金变化		4.0

折旧对现金流的影响

第一次调整是我们在资产负债表中为防止固定资产在年内就用完而设置的 3 000 英镑折旧，因此折旧影响了经营利润。然而，折旧并没有影响现金流。因此，除了折旧，如果所有产生 13 000 英镑营业利润的销售和成本都是现金交易，那么当年的现金流将会比运营利润高 3 000 英镑。因此，如表 4－5 所示我们添加折旧。

应收账款对现金流的影响

正如所发生的，有一些交易不产生现金。SBL 公司有 30 000 英镑赊销款，当年收回了一部分，到年底时客户还欠 15 000 英镑。这15 000 英镑使得实际成为现金的销售额低于计算营业利润时确认的销售额，因此现金流低于营业利润，我们应从营业利润中减去 15 000 英镑。

存货对现金流的影响

年末，SBL 公司还有一些没有出售的存货。该存货被视为公司的资产，未计入当年营业利润的计算。尽管如此，购买存货仍需要占用现金。这些存货使得现金流低于营业利润。因此，再次对现金流量表进行调整。

但这不一定合理，克里斯。大部分存货是赊购的，其中一些尚未支付。

这是一个好观点，但我们做的是将存货与支付方式分开。换一种说法，我们假设存货全部以现金支付。事实上如果它不是，资产负债表将显示我们对应付账款的供应商欠款。一分钟后你会看到，考虑到年底的应付账款我们调整了现金流量表。

预付对现金流的影响

与存货一样，我们支付的现金并不作为费用包含在营业利润的计算中。这将再一次使现金流低于营业利润，因此我们必须向下调整。

应付账款/应计利润对现金流的影响

一些在计算营业利润时确认的费用和一些存货到年底并没有实际支付。然而，目前我们的现金流量表假设已经支付。因此为了考虑应付账款和年底的应计利润，我们必须调整现金流量。

对现金流量表的解释

通过这些调整，现金流量表的经营活动部分现在更加有用。从中可以看到，由于赊购、建立库存和为一些存货预付货款，经营现金流（－3 000英镑）远远低于营业利润（13 000英镑）。不立即向供应商付款以及一些实际上是折旧的营业费用（折旧不影响现金）在一定程度上抵销了经营现金流的减少。

前一年交易的影响

我正在阅读附录 1 中 Wingate 公司的现金流量表，其中显示在第 5 年应收账款减少 643 000 英镑。但 Wingate 公司资产负债表显示，年末应收账款为 2 239 000 英镑。这两个数字为什么不一样？

这一点非常重要，我正要提到。你必须记住的是，在年初的时候，大多数公司会有一些从上一年留下来的债务，这些债务将在本年度收取。因此现金流的计算必须包含通过这些债务收取的现金。这样做的结果是，应收账款从年初到年末的变化就是应收账款引起的现金流调整。

听起来似乎是这样，克里斯，但我不认为我真的理解了。你能给我们举一个具体的例子吗？

当然可以。假设你的公司已经连续经营了几年。今年的销售额是100 000 英镑，费用是 80 000 英镑，营业利润就是 20 000 英镑。如我们之前所说，如果所有的销售和费用都是以现金方式支付的，现金流肯定是 20 000 英镑。

现在假设去年一些客户没有以现金支付，在去年年底（或者在今年年初）客户欠你 15 000 英镑。这些客户在今年支付了欠款，因此，除了在今年的销售中获得收益，你还收到额外的 15 000 英镑现金。

你今年的现金流（单位：千英镑）将是：

营业利润	20
收到去年的应收账款	15
总计	35

事实上，如果我们假设今年的一些销售是赊销，而且在今年年底客户仍然欠付 30 000 英镑的货款，那么现金流将减少30 000 英镑。

营业利润	20
收到去年的应收账款	15
今年未收账款	(30)
总计	5

可以看到，我们实际做的是在年初和年底之间向下调整营业利润，增加应收账款（30－15）。

SBL 公司年初应收账款是零，因为 15－0＝15，所以应收账款的增加与年终应收账款的金额相同？

是的。你会注意到我在 SBL 公司的现金流量表上写了“赊销存货”。所有其他调整与此相同，我们必须考虑年初的所有金额，因此我们的调整都是基于增加额。

如果应收账款在年内下降而不是上升，会发生什么？

正如计算告诉你的，如果所有的销售都是现金支付，你会受益更大。因此需要对营业利润向上而不是向下调整。

本章小结

➢ 简单地说，损益表是一张列示了相应时期内资产负债表中所有会影响留存收益的事项的清单。

➢ 在实践中，我们整理总结这些事项，并列示不同“水平”的利润（毛利润、营业利润、税前利润、税后利润）。

➢ 简单地说，现金流量表是一张列示了相应时期内资产负债表中所有影响现金的事项的清单。

➢ 在实践中，我们将这些事项总结并归类。

➢ 一定期间内的利润和现金流不一定相等，但在企业长期经营中二者一定是相等的。

➢ 因此，一定时期的现金流量表都是从营业利润开始，并展示现金流不同于营业利润的原因。

第 5 章/*Chapter Five*

会计实务

> 克里斯，前四章的内容非常有用。我已经了解了资产负债表的概念及其与损益表、现金流量表的关系，也了解了复式记账原理。但我并不十分了解这些概念及原理与会计系统的关系，因此我觉得自己还需要继续学习。

好的。我们先前的内容都是你最需要的，现在我要继续补充一些内容。实务中存在很多会计系统，这些会计系统各有不同，限于篇幅，无法逐一介绍。但这些会计系统的核心完全相同，这些会计系统最终都要做我们刚刚手动为 SBL 公司所做的事情。接下来我们要介绍设置会计报表需要了解的基本事项以及这些事项对会计系统的影响。

我希望本章的学习能够帮助你建立信心。即使你日后不从事会计工作，这部分内容也值得你花时间学习，因为接下来我们要介绍一些新主题，这些主题非常重要。如果你想跳过有关“借贷关系”的内容也可以，因为即使没有这些知识，你也能理解并分析公司报表，但理解“借贷关系”并不困难，所以我们建议你不要跳过任何内容。

克里斯，我们接下来的内容是簿记还是会计？

簿记是指记录公司日常交易的全过程。会计是接受簿记人员的工作并将其转换为一系列报表的过程。这二者的区别对我们并不重要，我们只是需要设置一系列报表。

接下来首先介绍一些关键概念。虽然萨拉需要在本周内将本年度的会计事项处理完毕，但我们假设需要处理的是月度会计事项。我们建议企业每季度，最好每月处理会计事项。无论会计处理的频率如何，其基本原理是相同的。

更多的关键概念

总分类账与明细分类账

资产负债表中的每一项科目（例如资产负债表图中的每一项）都可以称为明细分类账。由表2-3所示的SBL公司资产负债表可知，该公司的明细分类账有：

固定资产	应付账款
存货	预提费用
应收账款	应交税金
预付账款	负债
货币资金	股本
	留存收益

“账户”这一术语好像无处不在，我有点糊涂了。

我们正要介绍这一术语的用处。接下来，我们要规范用语，详细区分各种“账户”的不同。当你们积累了经验及知识后，也应该这样做。

实务中，会计人员的指尖仿佛隐藏着很多细节。会计人员日常使用的明细分类账要远远多于资产负债表中所列示的。

例如，资产负债表中仅仅列示固定资产，会计人员日常工作中会按照固定资产的种类设置不同的明细分类账（例如不动产、租赁物业、机器设备、车辆等）。这些不同种类的固定资产的合计即为资产负债表中列示的固定资产。对于资产负债表图来说，固定资产栏目是由若干小栏目组成的，小栏目数额总计等于大栏目数额。

同理，资产负债表中仅仅列示留存收益，会计人员日常工作中会设置一系列有关收入、费用的明细分类账，留存收益由这一系列明细分类账汇总而成。例如，SBL公司可能会设置：

- 销售收入；
- 销售成本；
- 车辆费用；
- 汽车折旧；
- 设备租金；
- 办公设备；
- 电话费；
- 应付利息；
- 应交税金；
- 应付股利。

这种方法有助于更好地理解损益表与资产负债表之间的关系。大型企业会设置数百个明细分类账用于记录各项收入及费用。其中的基本原理相同。

克里斯，你说过，很多交易事项会使留存收益减少，那么如果资产负债表图以不同的箱子表示这些交易事项，箱子的高度岂不是为负？

正确。绘制资产负债表图示，这些栏目的金额确实应该为负。但这个问题仅仅是数字的加减，与会计系统无关。

总分类账是明细分类账的汇总。在以前，总分类账顾名思义，是一本记录各项明细分类账细节的账本。现在，总分类账是会计信息系统的一部分。

销售与采购分类账

一般来说，企业供应商的数目会很多，甚至可达到成百上千家。为更好地记录与供应商交易的各种细节，会计信息系统需要单独设置相应的分类账。例如，采购分类账与总分类账相关联，一旦采购分类账发生变化，总分类账会自动随之调整。

同理，企业客户数量众多，销售分类账用于核算与所有客户的交易细节。

值得注意的是，很多会计书籍在介绍采购分类账、销售分类账及总分类账时，将三者等同起来，认为这三者都是会计系统的组成部分。这是错误的。这些书籍将资产负债表、损益表及现金流量表等同起来，认为这三张同样重要，也是错误的。如前所述，我们认为资产负债表是会计的基础。

同理，总账是会计系统的基础。总账与资产负债表同等重要。总账中包含了编制资产负债表所需的明细账。销售与采购分类账的作用非常大，就如同损益表及现金流量表非常重要，但它们都不是会计系统的本质。

原始凭证

企业从供应商处采购商品时会收到很多票据，例如：

- **订单**，能够证明已经订购货物。
- **发货单**，能够证明货物已经发出。

➢ **发票**，至少能够反映所购买货物的名称，“税点”日期（即以增值为目的的销售及采购的官方日期）、货物的数量以及所适用的增值税税率。

➢ **若干清单**，供应商经常向客户寄送催账清单，详细列明尚未支付的款项。

本章仅仅讨论发票。发票是能够证明交易事项，并能够用在会计系统中确认相关会计事项的正式票据（即原始凭证）。采购过程中，企业可能仅仅收到收据，收据上的信息不如发票丰富，但仍可作为原始凭证。

企业所有的销售活动都应开具相应票据。一般情况下，企业会开具发票，小型店铺可能提供电子发票或者手写收据。

日记账分录

日记账分录是企业根据总账（一个或多个总账）对资产负债表所做的调整。如同SBL公司一样，日记账分录一般是在期末进行的调整。日记账分录与确认销售不同，确认销售是指根据发票登记销售分类账，并在会计系统中调整相应总账的过程。

借贷关系

借贷关系是很简单但很重要的内容。

问题在于，自你初次申请银行账户开始，借贷关系似乎与一些你认为理所当然的事情相矛盾。

我们先来看看哪些内容是你认为理所当然的。假设你将100英镑存入银行账户，你会说，你将100英镑“贷”给了银行。如果你继续存入50英镑，银行会“贷记”50英镑。同理，如果你取出50英镑，银行会“借记”50英镑。因此，我们认为“贷”意味着更多更好，“借”意味着更少更差。是这样吗？

是的，难道这不正确吗？

是正确的，但这种想法并不全面。你现在需要做的是，不要继续将“贷记”与余额为正及好事情联系在一起，也不要继续将“借记”与余额为负及坏事情联系在一起。

好的，但我觉得这会使我感到困惑。

别担心，不会困惑。如图5-1所示，这张资产负债表图由一些常见的项目（例如，总账）组成，即使企业规模很小，也会设置这些项目。图5-1的左边显示了资产类项目，右边显示了权益类项目。

你必须牢记以下原则：

- 资产类账户余额在借方，借记增加，贷记减少。
- 权益类账户余额在贷方，贷记增加，借记减少。

克里斯，这太难记了，如果我将现金存入银行，会出现借方余额，是这样吗？

是的。银行寄给你的清单及其他票据是以银行本身作为会计主

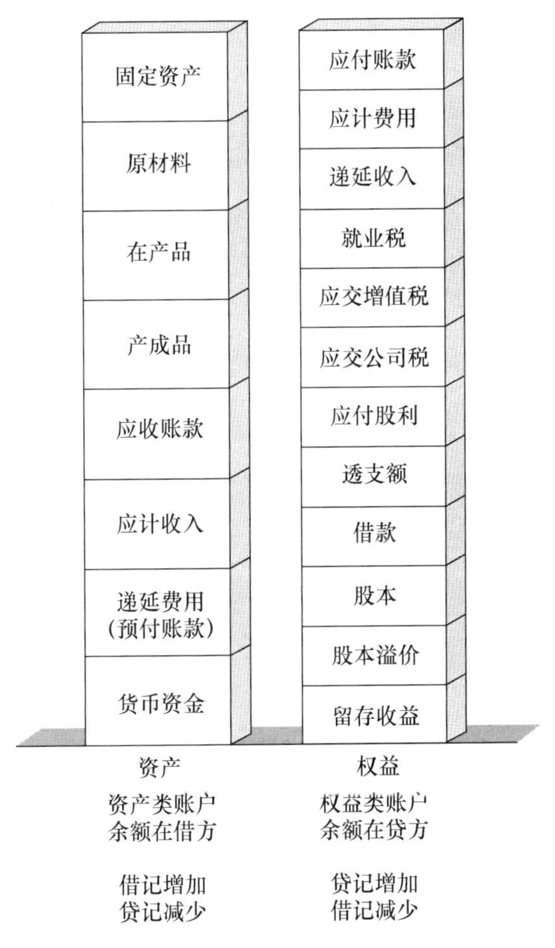

图 5－1　资产负债表图模型

体。如果你将款项存入银行，相当于将这笔款项借给银行，你对这笔款项享有要求权。因此，若以银行为会计主体，你的账户归属于资产负债表的权益类。这很正常，银行不会以其客户作为会计主体。

以企业作为会计主体时，银行存款属于资产类账户，余额在借方。这与借贷关系相符——你需要清楚会计主体是谁。

> 我已经能够理解借贷关系，但我并不明白这一关系的用途。

对于所有交易来说，通用的记账规则为有借必有贷，借贷必相等。具体如下：

- 若增加某一资产类账户，则应记入借方。为使资产负债表保持平衡，必须同时贷记其他资产类账户，或者增加权益类账户，权益类账户增加记入贷方。无论哪种情况，始终保持有借必有贷。
- 若减少某一资产类账户，则应记入贷方。为使资产负债表保持平衡，必须同时借记其他资产类账户，或者减少权益类账户，权益类账户减少记入借方。同理，始终保持有借必有贷。
- SBL公司的例子有助于我们理解有借必有贷，借贷必相等这一记账规则。

首先，回顾SBL公司的交易事项1。萨拉向SBL公司投入10 000英镑，成为该公司的股东。这一交易事项使SBL公司货币资金及股本两个科目同时增加10 000英镑。我们可以做如下会计分录：

借：货币资金	10 000	
贷：股本		10 000

本次交易完成后，货币资金账户借方余额为10 000英镑，股本账户贷方余额为10 000英镑。

接下来分析交易事项3。萨拉以9 000英镑的价格购入一辆汽车，并将其确认为公司的固定资产。该项交易使公司货币资金减少

9 000 英镑，同时固定资产增加 9 000 英镑。会计分录如下：

借：固定资产　9 000

　贷：货币资金　9 000

交易事项 9 中，萨拉支付汽车运营成本 4 000 英镑。这使得货币资金及留存收益同时减少 4 000 英镑。会计分录如下：

借：留存收益　4 000

　贷：货币资金　4 000

交易事项 6 中，公司销售商品，这种情况应该如何处理？交易事项 6 中，共有三个总账发生变化——存货、货币资金及留存收益。

这种情况并不困难。简单的会计分录是一借一贷，复杂的会计分录可能是一借多贷、多借一贷或者多借多贷。所有借方账户金额总计与所有贷方账户金额总计相等即可，只有这样，才能使资产负债表保持平衡。

交易事项 6 中，SBL 公司以 12 000 英镑的价格出售商品，这批商品成本为 6 000 英镑。因此，公司货币资金增加 12 000 英镑，存货减少 6 000 英镑，留存收益增加 6 000 英镑。会计分录如下：

借：货币资金　12 000

　贷：存货　6 000

　　留存收益　6 000

会计人员可将上述会计分录进一步改写为：

借：货币资金　　12 000

　贷：存货　　6 000

　　留存收益　　6 000

左边表示借方，这与资产负债表图中资产类科目位于左边相同。会计人员往往能够立即判断出应该借记哪些科目以及贷记哪些科目，因此可以省略“增加”及“减少”字样，但作为初学者，这样操作有利于理解。

我是不是可以这样理解：之前你说过，有一些代表费用的总账，如销售成本、办公费等，这些科目余额为负，且会导致留存收益减少。对于借贷来说，这些科目的余额在借方。是这样吗？

是的。接下来我们回顾SBL公司的17项交易及调整事项，逐一写出会计分录，具体操作方法见上例，即左边列示借方，右边列示贷方。结果见表5-1。

表5-1　　SBL公司交易事项的借贷分析

	交易事项	借方	贷方
1	发行股票		
	增加货币资金	10 000	
	增加股本		10 000
2	向父母借款		
	增加货币资金	10 000	
	增加长期借款		10 000
3	购置汽车		
	减少货币资金		9 000
	增加固定资产	9 000	

续前表

交易事项		借方	贷方
4	现金购入存货		
	减少货币资金		8 000
	增加存货	8 000	
5	赊购存货		
	增加存货	20 000	
	增加应付账款		20 000
6	出售存货，现金结算		
	增加货币资金	12 000	
	减少存货		6 000
	增加留存收益		6 000
7	赊销存货		
	减少存货		12 000
	增加应收账款	30 000	
	增加留存收益		18 000
8	租赁设备		
	增加应付账款		2 000
	减少留存收益	2 000	
9	支付汽车运营成本		
	减少货币资金		4 000
	减少留存收益	4 000	
10	支付借款利息		
	减少货币资金		1 000
	减少留存收益	1 000	
11	收回应收账款		
	增加货币资金	15 000	
	减少应收账款		15 000
12	偿还应付账款		
	减少货币资金		10 000
	减少应付账款	10 000	

续前表

	交易事项	借方	贷方
13	预付账款		
	减少货币资金		8 000
	增加预付账款	8 000	
14	支付股利		
	减少货币资金		3 000
	减少留存收益	3 000	
15	预提电话费用		
	增加预提费用		2 000
	减少留存收益	2 000	
16	折旧		
	减少固定资产		3 000
	减少留存收益	3 000	
17	预提应付税金		
	增加应交税金		4 000
	减少留存收益	4 000	

试算平衡表

试算平衡表，是指定期地加计分类账各账户的借贷方发生额及余额的合计数，用以检查借贷方是否平衡的一种工具。为保障账户记录没有错误，试算平衡表必须考虑公司截止到某一时点的，能够对总账产生影响的每一项交易及调整事项。换言之，试算平衡表类似于资产负债表，二者格式不同，试算平衡表更加详尽。

试算平衡表会计处理过程中的里程牌，其作用在于：

➢ 试算平衡表是一个终点，意味着将交易及调整事项录入会计系统的结束。

➢ 试算平衡表是一个起点，根据试算平衡表，企业可以编制资产负债表、损益表等其他报表。

接下来，我们介绍报表的布局及结构。

报表布局

报表布局不能仅仅依据模板。报表布局决定了在编制资产负债表及损益表的过程中各个账户的分类归属。例如：

➢ 哪些总账科目应计入留存收益，以便软件在编制资产负债表计算留存收益时能够将这些账户汇总。

➢ 总账科目应如何分类，例如在编制资产负债表时，固定资产、流动资产、流动负债、股东权益等大类中应包含哪些科目。

➢ 编制损益表时，销售收入、销售成本、制造费用应包括哪些总账科目。

资产负债表与损益表的布局不一定完全相同，但都是以试算平衡为基础。例如，若以查错防弊为目的，资产负债表及损益表的布局应尽可能详尽；若以向董事会汇报为目的，布局的详尽程度会略低。根据报表布局，企业能够将同类账户余额合并列示。当然，这只是简单的算数。

> OK，所以说，总账账户余额是企业所有同类交易的汇总。这意味着，例如，销售分类账能够显示企业所有销售业务。也就是说，它能够显示最近几个月或一年的销售情况？

是的。这很容易。假设你的会计年度于3月31日结束，你正在编制8月份的报表，会计系统将在8月底汇总各项交易金额，并将销售分类账余额填入相应报表中。不同之处在于，汇总的交易都是发生在8月。同理，编制年度报表时，需要汇总全年的交易金额。

查账索引

查账索引是指会计系统中对操作行为的记录。即使是被抵消或撤销的交易，查账索引中也会留下相应记录，它能在保留原有交易的同时，新增相应修改项。这意味着你可以随时查询操作记录（同时也能够查询具体操作人员）。

增值税

离开增值税就无法讨论会计。

在介绍增值税之前，能不能先介绍什么是“增值”？

好的。采购原材料或设备、接受劳务，这些是公司的进项。公司利用它们生产商品，提供劳务。销售商品或提供劳务是公司的销项。增值是进项与销项之间的差额。换言之，增值是公司在进项之上增加的价值。

那么，什么是增值税？

顾名思义，增值税是以增值额作为计税依据的税种。计税规则相当复杂，但总的来说，基本规则如下。

大部分商品及劳务都属于增值税的纳税范围，虽然其中有部分属于免税或零税率，即增值税为零。增值税纳税人分为两种：一般纳税人及小规模纳税人。一般纳税人是指年应税销售额超过某一具体数额（这一数额每年都会发生变化，一般来说是80 000英镑）。一般纳税人在销售商品及提供劳务时，价款中包含增值税，企业应将增值税上缴英国税务海关总署（HMRC）。因此，增值税由消费者负担，一般纳税人只是代缴。一般纳税人增值税的进项税额可以抵扣。增值税是根据进项与销项之间的差额，即增值部分征收的税种。

谁需要支付增值税？

你、我以及其他消费者。我们购买消费品时缴纳了增值税，但我们不属于一般纳税人，不能抵扣进项税额。

增值税对复式记账有何影响？

我们来看一个简单的例子。增值税税率每过一段时间都会变化（不同商品不同劳务的税率并不相同），在这里我们假设为20%。假设企业提供咨询服务，价款1 000英镑，企业收费时需要在价格之上增收20%的增值税，即总价款为1 200英镑。会计分录如下：

		类别	借方	贷方
增加	应收账款	资产类账户	1 200	
增加	应交增值税	权益类账户		200
增加	留存收益	权益类账户		1 000

如上，增值税不会影响留存收益。客户尚未支付增值税，企业也没有立即缴纳增值税，因此需要按相应金额调整确认增值税负债。

采购货物时，企业需要负担一部分增值税，这部分进项税额可以抵扣，减轻企业税负，但并不会影响企业留存收益。

企业每 3 个月（大企业每月）按照“应交增值税”科目余额向 HMRC 缴纳增值税。另一种情况，如果企业可抵扣进项税额大于销项税额，HMRC 会向企业支付相应差额。

值得注意的是，企业利润表中销售收入的金额为不含税金额（1 000 英镑），资产负债表中应收账款的金额为含税金额（1 200 英镑）。这一点必须牢记。

设置软件

首次使用会计系统时，企业需要设置许多内容。原则上，企业只需要先设置两项内容，其余内容可在后续使用或企业日渐熟悉后逐步设置。

会计年度

设置企业会计年度的起止日期，以便会计系统能够计算年度数据。一般来说，企业只需要设置会计年度的开始或截止日期，会计系统默认的会计年度为 12 个月。

开放资产负债表

这是唯一一件需要解释的设置。资产负债表是反映企业某一时点财务状况的静态报表。它能够反映企业截止该时点的所有交易。如果企业在设置会计系统之时已经经营一段时间（或者企业改用其他会计系统），且企业并不打算在新建的会计系统中重新输入自成立之日起的所有交易，那么你必须遵守这个事实。

为处理这种情况，我们需要输入“开放资产负债表”。这意味着企业在确认交易及相关余额的当天零点起开始编制资产负债表。企业开始确认交易时，会计系统会将其与历史余额累加，这样试算平衡及资产负债表才能反映企业所有的全部交易。即：

- 假设会计年度截止于 3 月 31 日。
- 假设企业从 7 月 1 日开始确认交易。
- 企业需要在 6 月 30 日结算所有科目余额，并将其录入“开放资产负债表”中（所有数据截止到 6 月 30 日）。

其他需要设置的内容

如前所述，企业可在日后使用时逐步进行设置。但以下事项仍值得注意：

- **总账**。企业可根据需要自行设置总账，但大部分企业设置的总账基本相同，如包括股本、银行存款、应收账款等。大部分会计系统可以提供总账选项（根据不同类型企业选择合适的项目）供企业按需要自行选择。这样做能够节省企业时间，但若选择不当可能会产生不良影响，因此企业要慎重。

➢ **增值税率**。作为一般纳税人，大部分商品及劳务的税率基本保持稳定，因此企业只需要设置增值税“默认税率”即可（但并不全部如此，对于特殊商品及服务，企业需要单独查看并设置税率）。默认是指企业销售商品、提供劳务，会计系统按发票金额及默认税率自行计算并确认税金，以便节约企业时间。如果需要，企业可以修改税率或金额。

理想化的会计

在介绍其他内容之前，萨拉，我们需要先给你一些很重要的忠告。

在你能够熟练利用会计系统处理会计业务之前，我们建议你在确认交易事项前将试算平衡表或资产负债表打印出来，并与交易完成后的试算平衡表及资产负债表对比，思考该项交易对资产负债表图会产生何种影响，如哪些科目会增加、哪些科目会减少，这有助于理解会计系统的运行。

我们以一个简单的例子开始。最后，我们将介绍现实中的会计并不如此简单，以及应如何处理复杂的情况。假设：

➢ 每项交易都能收到供应商的发票或收据，每张票据的金额及时间都很明确。

➢ 同理，每项交易都给客户开具发票或收据，每张票据的金额及时间也很明确。

➢ 每次款项收付为发票上的全部或部分金额，以在线方式收付，银行账户余额能够随时更新。

采购发票/收据

会计系统中有一项功能，可以帮助企业输入采购发票。输入发票时，企业需要：

➢ 选择合适的供应商账户（如果不在已存的供应商账户列表中，则需添加）。

➢ 输入发票中的相关信息。

➢ 选择费用应归属的总账科目，如差旅费或办公费等。

➢ 检查会计系统计算的增值税是否正确。

➢ 已经录入会计系统的发票要做好标记，以免重复录入。

企业录入发票信息后，点击“保存”，会计系统会执行如下操作：

➢ 在销售分类账的相应供应商账户中保存所有信息。

➢ 在总分类账中确认如下信息：

——增加（贷记）应付账款；

——减少（借记）应交增值税（若企业为一般纳税人可申请增值税进项抵扣）；

——减少（借记）留存收益（如差旅费）。

➢ 在查账索引中记录本项交易。

前文中，我们已经假设本次交易的相关费用计入差旅费。请牢记，此处涉及的差旅费只是影响留存收益的众多总账科目中的一项。

销售发票

除发票的细节将确认在销售分类账中之外，录入销售发票与录入采购发票基本相同，企业录入销售发票时，在总分类账中确认如下信息：

➢ 增加（借记）应收账款。

➢ 增加（贷记）应交增值税。

➢ 增加（贷记）留存收益（在线销售）。

在理想化的会计中，如果企业按照上述方法处理所有采购及销售发票，则所有能够对留存收益产生影响的交易均已得到确认，那么企业能够计算出截止当日所实现的利润。

此时，企业资产负债表仍需进一步调整，因为此时的资产负债表假设，企业全部销售均能收回现金，企业全部采购均暂时不需要支付现金，但在实务中，企业会存在一部分赊销，且采购也需要支付一部分现金。

处理现金收付

企业会计系统中会有专门的按钮，用来处理从客户处收回的资金。

企业需要选择正确的客户账户，输入收到的款项金额及所对应的发票（有些客户可能对应若干张尚未支付的发票）。

当点击“保存”按钮后，会计系统会执行如下操作：

- 在销售分类账对应的客户明细中确认相关细节。
- 在总分类账中做如下处理：

  ——增加（借记）货币资金；

  ——减少（贷记）应收账款。
- 在查账索引中记录本项交易。

同理，企业向供应商支付货款时，所做处理基本相同，会计系统会执行如下操作：

- 在采购分类账对应的供应商明细中确认相关细节。
- 在总分类账中做如下处理：

  ——减少（贷记）货币资金；

  ——减少（借记）应付账款。
- 在查账索引中记录本项交易。

在理想化的会计中，此时即可生成试算平衡表。若报表已设置完毕，则此时点击相应按钮即可生成资产负债表及损益表。

> 那现金流量表呢？

大部分小企业的会计系统不会自动生成现金流量表。现金流量表需要按照前文所述步骤手动编制。

现实中的会计

如你所见，会计系统的功能（如销售与采购分类账）对于企业来说非常有用，能够在总分类账上做双重登记，据此所有的交易都反映在资产负债表上。

当然，会计的实务工作并非如此简单。我们需要处理许多“例外”情况。不过这些例外并不难理解，企业只需要逐一处理即可。下面我们介绍几种常见的例外情况。

应计费用

通过 SBL 公司的案例我们已经知道，企业某月发生的一项费用，可能当月并没有收到发票也没有发生款项支付。我们需要在该项费用发生的当月以日记账分录的形式予以确认。企业会计人员选择需要调整的总分类账，输入调整金额及日期（大部分情况下，会计人员使用每月最后一天），并点击会计系统中日记账分录的相应按钮，会计系统能够自动识别该项分录应属的月份。分类账会做如下操作：

➢ 增加（借记）应计费用。

➢ 减少（贷记）留存收益。

如果企业在后续月份收到发票，也应于费用发生当月确认应计费用。大部分会计系统以原始凭证上的日期为准。如果企业输入的发票上显示日期为 3 月份，则该项费用计入 3 月份的留存收益；如果发票显示日期为 2 月份，则该项费用计入 2 月份的留存收益。企业不得擅自更改发票日期，否则会受到处罚。

那么，输入发票之后 3 月份的账户会怎样变化？因为要申报增值税，企业必须输入发票信息，这是否意味着企业需要两次输入发票？

是的，企业必须输入发票。解决这一问题的方法是“冲销应计费用”。换言之，做反向分录冲销。随后，再以发票上的日期入账，计入 3 月份的留存收益。见表 5-2。

表 5-2

	第 0 列 确认应计费用之前的资产负债表	第 1 列 应计费用	第 2 列 2 月底的资产负债表	第 3 列 输入发票	第 4 列 冲销应计费用	第 5 列 3 月底的资产负债表
总资产	10 000		10 000			10 000
权益						
应付账款	6 000		6 000	420		6 420
应交增值税	1 000		1 000	(70)		930
应计费用	0	350	350		(350)	0
股本	1 000		1 000			1 000
留存收益	2 000	(350)	1 650	(350)	350	1 650
总计	10 000	0	10 000	0	0	10 000

➢ 第 0 列显示截止到 2 月底，确认应计费用之前，理想的、相对简化的资产负债表。

➢ 第 1 列显示确认应计费用涉及的两个科目，假设增值税前金额为350英镑。需要注意的是，此处的应计费用金额为不含税金额，增值税在发票上单独列示，应计费用金额不会影响增值税。

➢ 第2列显示截止到2月底的资产负债表，从中可见企业留存收益减少350英镑。

➢ 第3列显示企业3月份将发票输入会计系统之后受影响的三个账户。如你所见，留存收益中已经扣除两次350英镑的费用，且增值税金额已被计入资产负债表，并调减应交增值税。

➢ 第4列显示企业于3月份冲销2月份的相关分录。

➢ 第5列显示企业3月底的资产负债表。为求简化，假设企业3月份并无其他交易。资产负债表能够准确反映：

——应付账款金额；

——应交增值税金额；

——留存收益金额。

应计收入

如果企业2月份实现收入但3月份才开具发票，对于类似这种情况，企业应该：

➢ 增加（借记）应计收入。

➢ 增加（贷记）留存收益。

企业应于3月份输入发票金额，并冲销原有应计收入。在资产负债表图模型（见图5－1）中，应计收入归属于资产类科目，它反映了归属于企业的收入。在未收到发票之前，应计收入类似于应收账款。

递延收入

如果企业 2 月份开具发票，但实际销售发生在 3 月份，这种情况应如何处理？

虽然递延收入和应计费用处理方法不同，但原理完全相同，见表 5－3。如前例，请按列阅读。

表 5－3

	第 0 列 确认应计费用之前的资产负债表	第 1 列 输入销售发票	第 2 列 递延收入	第 3 列 2 月底的资产负债表	第 4 列 冲销递延收入	第 5 列 3 月底的资产负债表
总资产						
应收账款	10 000	1 200		11 200		11 200
总计	10 000	1 200	0	11 200	0	11 200
权益						
应交增值税	1 000	200		1 200		1 200
递延收入	0		1 000	1 000	(1 000)	0
股本	1 000			1 000		1 000
留存收益	8 000	1 000	(1 000)	8 000	1 000	9 000
总计	10 000	1 200	0	11 200	0	11 200

需要注意的是：

- 第 2 列中，递延收入科目与留存收益的影响相互抵销。
- 3 月份重新确认收入，并冲销原有递延收入。

➢ 递延收入归属于权益类科目，这是符合逻辑的。企业已经开具发票，这意味着应收账款已经形成，但企业并未向客户发出商品或提供劳务，所以客户对企业的资产享有要求权。

递延费用（预付账款）

如果供应商提前开具发票，稍后发出商品或者提供劳务，这种情况与前文原理相同。企业需要将费用“递延”至后续月份。企业一般使用预付账款核算这类费用。这可能会与前文混淆，前文一般于实际发生款项支付时使用预付账款（见 SBL 公司的交易事项 13）。更为常见的是，应针对采购发票采用“复式记账”，所以递延费用是更好的描述方式。

没有原始凭证情况下的款项收付

如果企业存在贷款或者透支，银行一般会每月或每季度从企业银行账户中扣除利息费用，并反映在企业银行对账单中。并没有单独的对账单反映此类信息，这意味着银行对账单上的该项分录反映出：

➢ 确认利息（作为原始凭证）。

➢ 支付（扣除）利息费用。

企业可以将其作为两项交易单独入账（使用会计系统中的日记账功能）：

➢ 确认利息费用。

——增加（贷记）银行借款；

——减少（借记）留存收益（利息费用）。

➢ 支付利息费用。

——减少（贷记）货币资金；

——减少（借记）银行借款。

实务中，企业通常使用会计系统中“银行付款”之类的功能，一次性处理完毕。无论名称如何，这个账户都不同于采购日记账中的“应付账款”。若企业想要一次性处理完毕，则应：

➢ 减少（贷记）货币资金。

➢ 减少（借记）留存收益。

无论性质如何，企业处理款项收付时，都需要分辨以下两种情况：

➢ 仅仅是确认款项支付。

➢ 确认相关交易事项的同时确认款项支付。

支票收付

克里斯，如果我采用支票付款，那么是应该以支票存根作为原始凭证还是应该等到银行账户金额减少之后再入账（以银行对账单作为原始凭证）？

这二者都可以（二者选择其一，且不可随意变更）。实务中，更常用的是支票存根。原因在于，以支票存根作为原始凭证，企业可以通过会计系统随时掌握账户“可用”金额。如果企业向客户开具支票并邮寄，从开具支票到客户取现之间可能需要一些时间间隔。如果使用银行对账单作为原始凭证，则开具发票时会计系统并未入账，在延迟的这段时间内，会计系统中的银行可用余额会多于实际可用余额。

企业收到支票的时候呢？是应该以存款簿存根作为原始凭证，还是应该以银行对账单作为原始凭证？按照你的逻辑，我应该以银行对账单作为原始凭证，因为尽管知道会收到这笔款项，但直到银行进账之后我才能动用这笔款项。

你说得对。尽管知道会收到款项，但支票存在“跳票”的可能，在银行进账之前仍不能百分之百地确定。尽管如此，大部分人仍愿意冒险采用存款簿存根作为原始凭证。这是因为他们对于收到款项的把握很大，而且想要现金流量好看一些。

银行余额调节表

关于支票的讨论将我们引入另一个重要的话题——银行余额调节表。通过银行余额调节表，企业能够核对某一时点企业会计系统中的银行余额与银行对账单中的银行余额是否相同。如果余额不相同，需要进一步查找原因。

这是会计处理过程中非常重要的部分，原因如下：

- 资金链断裂对于企业来说是巨大的灾难，因此企业需要随时准确把握现金余额。

➢ 在调整银行余额调节表的过程中，可能会发现会计处理过程中的其他错误。

某些企业规模庞大，每天都会调整银行余额调节表。一般企业至少应于结账时调整银行余额调节表。

即使企业账务中没有错误，如果使用支票结算，并使用支票存根作为原始凭证，企业会计系统中的银行余额与对账单中的银行余额仍可能并不相同，原因在于，会计系统中的银行余额能够反映截止到资产负债表日的所有支票业务，而银行对账单中只反映款项已经结清的支票业务。鉴于支票使用日益减少，这一问题的重要性逐渐减弱。

现代会计系统中有相应功能帮助企业完成银行余额调节表（企业银行账户有很多，需要逐一核对调整）。对我个人而言，我习惯列示出支票及其他没有结清的款项清单，以反映企业会计系统及银行账户之间的差异。

固定资产及折旧

在 SBL 公司的交易事项 3 中，有一项费用并没有立即影响留存收益。原因在于，这是一项可供企业“消费”多年的资产，因此我们调减固定资产而非调减留存收益。然后，我们以折旧的形式反映这些资产使用费用对留存收益的影响。用会计术语来说，我们将这部分成本资本化而不是费用化或冲销。企业管理层希望将尽可能多的成本资本化，因为这样做能够使成本在未来几期内逐渐摊销，对当期损益有利（这决定了当年的利润）。

确认固定资产成本的方法与在采购日记账中确认输入发票的方法类似。不同之处在于，在采购日记账中应记入固定资产科目，具体分录如下：

- 增加（贷记）应付款项。
- 增加（借记）固定资产。

一些会计系统中有专门的固定资产模块，这种模块和销售与采购分类账类似，同属于“支持模块”。企业能够通过固定资产模块查询固定资产、计算折旧额并按月将折旧额记入总分类账。如果企业没有此类固定资产模块，则可以简单地使用日记账功能确认折旧：

- 减少（贷记）固定资产。
- 减少（借记）留存收益。

如前所述，企业会按固定资产的种类分别设置日记账，企业需要按照不同的固定资产种类分别从原始成本中计提折旧。在Wingate公司的案例中需要做如下处理：

- 购入固定资产（如汽车）时：

  ——增加（贷记）应付款项；

  ——增加（借记）汽车原始成本。

- 计提车辆折旧时：

  ——减少（贷记）汽车——累计折旧；

  ——减少（借记）留存收益（汽车折旧费用）。

资产负债表上，该汽车的净值等于其原始成本减去累计折旧。对于借贷双方来说，固定资产成本属于资产类，余额在借方；累计折旧作为固定资产的抵减项，余额在贷方。

存货

企业不想立即将其“计入”留存收益的另一项成本就是存货。由 SBL 公司的案例可知，存货作为企业的一项资产，只有在实现销售之后才会确认留存收益。

实务中的具体操作方法有很多。大部分会计系统通过另一个“支持模块”核算企业产品（及原材料）。企业在会计系统中输入销售发票时，需要明确所销售的存货具体批次及数量。则会计系统确认收入后，能够自动：

- 在产品模块中更新所售存货的情况。
- 在总账中记录所售存货的成本。
  ——减少（贷记）存货；
  ——减少（借记）留存收益（销售成本）。
- 在查账索引中记录此项交易。

这种处理方法的效率非常高，因此企业应该在会计系统中设置产品模块。

值得注意的是，所有与存货相关的成本都必须出现在以下两个科目之一，或者同时出现在这两个科目中。

- 存货。

➢ 留存收益。

如果企业没有设置存货模块，则需要采用其他方式核算存货成本。比较常用的方法如下：

➢ 所有与存货相关的成本，从一开始就被计入销售成本。在这种情况下，当企业在采购分类账中输入与存货相关的采购业务时，会计系统会在总分类账中将该成本计入销售成本（销售成本是留存收益的一部分）：

——增加（贷记）应付款项；

——减少（借记）留存收益（销售成本）。

➢ 企业每月末（可能以单独的报表）结算尚未销售的存货成本，然后将其从销售成本中转出，计入存货成本，会计分录如下：

——增加（贷记）留存收益；

——增加（借记）存货。

在这种情况下，企业存货科目金额正确，则留存收益的金额也一样正确。值得注意的是，企业存货科目可能存在期初余额，此时，企业日记账中的数字必须正确才能保证最终结果准确无误。

验证资产负债表

在我的职业生涯中，我曾经检查过许多簿记人员及会计人员的工作，其中不乏佼佼者。但往往我刚开始检查，就能立刻发现他们的错误。出现错误的原因往往在于，他们并没有自行检查。他们只是依照会计处理程序，并想当然地认为结果应该是正确的。但是，人人都会犯错。

如果你询问会计人员，应如何自行检查报表，他们可能会回答，他们查看了利润表，检查了销售收入、成本及利润是否正确。这明显是一件理智的事情。但这样做并不足以发现所有的错误，因为有一些潜在的错误并不会立即显现出来。

我们需要回到资产负债表。只要你能够证明，资产负债表中除留存收益外的其余所有项目都正确，那么根据资产负债表的平衡原理，留存收益的金额也是正确的。这样企业才不至于高估或低估利润。

那么，企业应如何检查资产负债表中的每个项目？答案是，企业需要为每个项目提供“证据”以证明结果准确。例如：

➢ 对于固定资产来说，企业可以通过电子表格显示其所拥有的全部固定资产的名称、原值、折旧额。表格中全部固定资产的净值总计金额等于资产负债表中的固定资产金额。

➢ 对于应收账款，列示账龄表。该表格能够显示每位客户的欠款额及账龄。需要关注以下内容：

——余额为负的，这可能是因为收到现金时重复记账导致的。

——逾期的应收账款。能够收回的应收账款，应进一步催收。确定无法收回的，应计提坏账准备。

➢ 应付账款的处理方法与应收账款相同。

➢ 对于应计类账户来说，如应计收入、递延收入及预收账款等，企业需要利用电子表格列出每一科目的详单。观察这张详单，并关注其中是否存在不应该出现的名字。会计人员常见的错误之一就是忽略相反的分录，这张名单能够帮助你发现这一错误。

➢ 对于存货这一时常出错的科目来说，企业需要采取一些方法证明其金额正确。企业可以通过电子表格显示其所有存货的名称、数量及金额。存货金额的任何一个微小的错误都会对留存收益产生影响。

➢ 银行余额调节表可以证明现金余额正确与否。

以此类推，会计系统能够帮助企业迅速准确地完成此类检查。

这就是现代实务中的会计系统，希望本章的内容能够帮助你理解会计系统的运行原理。会计系统只是一种稳定的工作方式，以确保某一期末的资产负债表正确。

本章小结

处理会计系统时需要牢记以下内容：

➢ 会计系统具备很多有用的功能，其最终目的都是通过企业所有交易编制资产负债表。

➢ 会计系统中，资产负债表由一系列总账组成，这些总账能够反映企业所有交易事项。

➢ 试算平衡表是由一系列总账及余额构成的，其实质是一张详尽的资产负债表。

➢ 由于一系列问题，实务中的会计要比理想中的会计复杂。但这些问题并不困难，我们只需要逐一解决即可。

➢ 直至验证资产负债表的准确性之后，一段时期的会计处理才宣告结束。资产负债表准确，留存收益及损益表才能准确。

第二部分

对会计报表的解释和分析

第 6 章/*Chapter Six*

Wingate 公司的年度报告

前五章主要关注会计的基础：基本原理、资产负债表、复式记账法，从资产负债表引出损益表和现金流量表。假如你已经完全理解了之前的内容，那么你已经掌握了 80%的会计知识。

从现在开始，我们要学习逐年变化的会计规则和会计术语。会计术语比较简单，但会计规则是非常复杂的，因为我们要用它来处理不同的特殊情况。目前，这些特殊情况对我们并不重要，我们只需要对会计规则有一个广泛的认识。你会发现这其实并不难。

我们将通过讲解 Wingate 公司的年度报告来学习，我会对之前没有涉及的内容加以解释。但在这之前，让我们来了解一下管理会计报表和法定会计报表的区别。

不同类型的报表

管理会计报表是公司为董事和管理者准备的会计报表。正规形式上，这些报表是以前面所讨论的会计基本原理和两个基本概念（权责发生制和持续经营假设）为基础而创建的。但对于如何展示、需要多少细节等其他方面并没要求，这些都由公司来决定。当然，通常情况下，它们大部分会服从法定会计报表的要求。管理会计报表不会对公司外部人员公开（除非有一些其他的原因）。

法定会计报表是需要每年提交并提供给公司股东的会计报表。法定会计报表有许多编制规则，且不同种类的公司编制法定会计报表的规则也有所不同。

向英国公司登记局提交的法定会计报表可以提供给外部人员。但需要注意的是，中小型公司（参照公司法定义）有权提交简略的会计报告（尽管它们为了减税和满足股东要求仍需提供完整的会计报告）。简略会计报告所提供的信息非常少。例如，小型公司不需要提供损益表，只提供资产负债表。我们将学习 Wingate 公司的法定会计报表，它也被称为年度报告。

报　告

首先，让我们来了解一下报告。通常情况下，报告的种类至少有三种。

战略报告

战略报告是对公司近期会计报告的介绍。它的目的在于为公司股东提供信息，使他们了解公司的董事如何为公司成功发展履行职责。尤其要说明：

- 公司的商业模式、战略和目标；
- 公司面临的重要风险；
- 公司过去的业绩。

在实际操作中，有些公司在战略报告中提供了很多信息，有些公司则提供的信息很少。

董事会报告

法律要求，所有公司都应该在年度报告中提供董事会报告（简略会计报告无须提供）。但现在有了战略报告，董事会报告就没那么有价值了。

审计报告

大部分公司的年度报告需要审计，这意味着会计师事务所将对公司的会计报表进行独立审计。

在给股东提供会计报表时，审计师需要向股东提供审计报告，解释他们对公司财务状况的看法。

审计报告并非冗长的喋喋不休，它需要陈述：

- 审计师已经完成了对公司会计报告的审计。
- 审计师认为会计报表能够真实公允地反映公司相应期间发生的事件和变化。
- 会计报表的编制正确地服从恰当的会计准则和公司法。
- 审计师对会计报告不负有责任。

除了上述几条，还有一些其他内容是大家希望看到的，但一定要浏览一下最后三个标题：

- 对财务报告的意见。
- 对公司法规定的其他事项的意见。
- 须报告的其他事项。

只要审计人员发表无保留意见之外的其他意见，均应引起我们的注意。审计人员可能提出保留意见，这意味着他们对会计报告的某些方面并不完全同意。这应该是一个坏信号，因此要小心。

资　产

年度报告的重要内容都在三张主要的会计报表及其附注中。

现在，我们来看看这些细节，我们将从资产负债表（见附录1）开始。首先来看资产，然后再看这些资产的所有权，最后看资产负债表下方的附注，确保了解了全部的内容。

有形固定资产

固定资产是企业用于维持长期存续的资产。有形固定资产如其名字所显示的，是能够触摸到的固定资产，例如，土地、建筑物、机器、装置和设备、车辆等。

当阅读附录 1 中的资产负债表时你会发现，其中两年有有形固定资产数据（第 5 年 5 326 000 英镑和第 4 年 4 445 000 英镑），这意味着有形固定资产在最后一年增加了 881 000 英镑。

阅读附录 1 中的附注 8 你会发现，正如我前面指出的，这里以表格的形式列示了更多关于固定资产的信息。

需要注意的第一件事情是，这个表格用三列将固定资产分成三类，第四列是这三类固定资产的加总。

注意表格的右下角，你会看到 5 326 000 英镑和 4 445 000 英镑两个数据。这是出现在资产负债表中的净账面价值。正如前面所揭示的，净账面价值是资产成本减去当时的总资产折旧。

表格的其余部分显示了如何得到资产的净账面价值。掌握计算方法，我们能够计算出最后一列的总额。

来看表格的上部，第一部分命名为“成本”，显示了公司购置固定资产的原始成本。

- 在第 5 年年初，公司拥有购置成本为 6 492 000 英镑的固定资产。
- 当年，公司又购买了 1 391 000 英镑的固定资产。
- 当年，公司出售了一部分资产，购置成本为 35 000 英镑。需要注意的是，这并不是公司出售资产所获得的金额。

➢ 因此，公司在第5年年末拥有的固定资产的原始成本总额为7 848 000英镑（6 492 000＋1 391 000－35 000）。

接下来的部分显示了如何计算到期日的累计折旧总额：

➢ 在第5年年初，公司的固定资产折旧为2 047 000英镑，换句话说，公司的资产已经使用，其价值要低于全新时的价值。

➢ 但一部分折旧（20 000英镑）属于该年度公司出售的固定资产。由于该固定资产不再由公司所有，我们必须将相关折旧从计算中移除。因此，我们将其从期初值中扣除。

➢ 接下来，我们要加上该年度发生的折旧（495 000英镑）。这个数值是由期初资产所产生的折旧和该年度购置资产所产生的折旧组成。

➢ 然后，我们便可以计算出年末资产折旧总额是2 522 000英镑（2 047 000－20 000＋495 000）。

现在，我们需要从资产购置成本中扣除资产折旧，由此算出资产负债表中的净账面价值。按同样的原理，我们能够轻松地计算出表格中三类固定资产中任意一类的净账面价值。

固定资产出售

我不确定现在提问是否合适，但我对固定资产的出售仍有些困惑。我能理解出售固定资产能够降低资产负债表中固定资产的金额，但涉及的另一个科目是什么？

这是一个好问题，但你应该能够自己解决这个问题。固定资产的附注告诉我们 Wingate 公司出售了固定资产，原始购置成本为 35 000 英镑，售出时的总折旧为 20 000 英镑，因此，净账面价值为 15 000 英镑。

回过头来看资产负债表图（见图 5－1）。在这个例子中，代表固定资产的箱子一定会减少到 15 000 英镑。

从 Wingate 公司的报表中可以了解到，Wingate 以 23 000 英镑的价格出售了固定资产。假设该交易为现金交易，那么，Wingate 公司的现金一定会增加 23 000 英镑。现金的增加和固定资产的减少导致 Wingate 的资产增加了 8 000 英镑。那么一定有其他东西发生了改变。既然其他资产和负债都没有变化，一定是股东获得了收益。因此，留存收益增加 8 000 英镑。Wingate 公司从出售固定资产中获利 8 000 英镑，这在附注中已有所说明。

> 我能够看到会计是如何操作的，但原始成本为 35 000 英镑的固定资产以 23 000 英镑出售，我们称公司从中获利似乎并不正确。

你的问题表明，关注资产负债表在交易发生前后的变化是十分重要的。让我们来看看究竟发生了什么：

➢ 购置资产花费 35 000 英镑。

➢ 在购置资产直至资产被出售的这段时间内，产生了 20 000 英镑的折旧。这意味着在这段时间内公司的留存收益降低了 20 000 英镑。

➢ 但实际上，Wingate公司以23 000英镑的价格出售了资产。这暗指公司在持有这些资产的时间内，其产生的费用仅为12 000英镑(35 000－23 000)。

➢ 这意味着之前扣减的留存收益多了。持有这些资产的费用并没有达到20 000英镑——仅有12 000英镑。因此，当资产出售时，我们应该移除多扣减的金额，这部分多扣减的金额即为获利。

你已经给汤姆解释了操作过程，但看了这个交易对现金流量表的影响，我担心自己不能理解。

我们刚刚看到，出售资产的获利不同于资产出售的价格和资产的账面价值。用另一种方式来描述：

发生＝账面价值＋利润

23 000英镑＝15 000英镑＋8 000英镑

我们知道现金下降了23 000英镑，因此，现金流量表中一定包含这个金额。你是否还记得SBL公司的现金流量表？我们的操作是基于现金流等于营业利润这个假设，然后在此基础上调整得到真实的现金流。

假如我们也从营业利润开始编制Wingate公司的现金流量表，那么，出售固定资产（即8 000英镑）自然包含在表中，因为它包含在营业利润中（如附注3所示）。因此，为得到出售固定资产对总现金流量的影响，我们必须进行调整，做法是加上出售资产的账面价值。这样一来，账面价值和出售利润都包含在表中，我们就能够计算出所有项目的变化了。

事实上，我们很少会这样做，而是将出售资产所获得的 8 000 英镑利润扣除，你会在附录 1 的 Wingate 公司现金流量表的经营活动部分看到这样的操作。

这种做法将出售固定资产所发生的现金获利从现金流量表中移除。我们将发生的全部 23 000 英镑记入“资本支出”下面。

两种方法得到的结果相同。会计上直接将之全部加上和扣除。顺便说一下，现金流量表显示了 Wingate 出售这些资产的价格为 23 000 英镑。

存货

SBL 计算存货的会计方法很简单。当萨拉购入存货，存货账户就增加相应的金额。相反，当萨拉出售存货，存货账户就减少相应的金额。

这种操作方法适用于许多公司，但并不适用于像 Wingate 这种制造企业。制造商购买原材料，并将它们制成产成品存放在仓库准备销售给客户。因此，制造商拥有三种类型的存货：

- 原材料；
- 在产品（在结账日完成部分生产的产品）；
- 产成品（即待售商品）。

原材料的会计确认方法很简单。我们可以完全按照 SBL 的存货确认方法来记录。

那么，在产品和产成品的价值应该如何分配？生产产品需要使用原材料，并对其进行加工处理。这其中包含了一些费用，如房租、电费、员工工资、固定资产折旧。我们将这些费用统称为生产成本。因为这些费用已经发生，我们必须将它们体现在会计报表中。问题是，如何确认这个会计账项？我们以员工工资为例，假设在会计期间企业支付了员工工资。显然，我们需要减少（贷方）现金，那么相对应的另一个账户是什么呢？

> 这些费用减少了股东的财富，不是吗？所以我们应该调低留存收益。

如果股东的财富真的有所减少，那么这样做是正确的。但这些生产成本是为了资产的转化，即把原材料转化成更有价值的资产。因此，我们认为股东财富并没有减少。所以，实际上无须降低留存收益，而是提高存货（在产品或产成品）价值。当然，当产成品被出售时，我们需要降低留存收益，降低的金额等于出售产成品的总价值（即原材料成本加上生产成本）。

我们之前谈到权责发生制是会计的两个基础概念之一。匹配是这一概念的关键，但不久前会计当局认为不应该过多关注匹配这一观点。我认为匹配这一观点对于初学者是很有帮助的，从本质上讲，这一观点的意思是要确保任何一个会计期间成本和收益都要相匹配。用前面的例子来说，在该会计期间企业只生产了产成品，在下个会计期间才将其销售出去。如果你在当期只调减了留存收益，下期只确认了原材料成本，这意味着你对这两个会计期间公司产生了多少成本都缺乏合理的认识。

我注意到附注1（d）是关于存货销售的，它显示生产成本是包含在产成品中的，就像你此前所说的一样。那么，这个附注的其他内容要说明什么？

这里有两点。若存货的价值小于其成本，那么为了确认必须在资产负债表中降低它们的价值（这就是所谓的冲减账面价值）。因此，我们说存货的价值是以其成本（这里的成本包括所有的生产成本）和变现价值（即存货可以卖多少钱）二者中的较低者来确认的。

另一点需要仔细思考。让我们回头来看SBL的例子，SBL的存货是购入而不是生产的。那么，若萨拉以不同的价格购买相同的存货，应该如何处理？例如：

- 以20英镑的单价购入50束仿真花（即总价1 000英镑）；
- 以23英镑的单价购入100束仿真花（即总价为2 300英镑）。

购买存货的会计处理很简单，我们只需增加3 300英镑存货。若接下来萨拉以40英镑的单价卖出75束仿真花，那么销售额即为3 000英镑（40×75）。那么，这笔交易的销售成本是多少？

不同的公司选择的处理方式不同，所以答案是不同的。两种最常见的方法是平均法和先进先出法。使用平均法，我们只需要计算出该会计期间存货的平均成本即可。在本例中，平均成本应为：

$$(20\times50+23\times100)/150=22(\text{英镑/束})$$

这意味该交易的销售成本为1 650英镑（22×75）。

先进先出法，意味着旧的存货（即先购入的）先使用。在这个例子中，旧的存货的购置单价为20英镑，但萨拉仅以这个价格购置了50束，因此，我们接下来要使用较新的存货。那么，销售成本为：

$$20\times50+23\times25=1\,575(\text{英镑})$$

在相同的销售下，销售成本不同，这意味获得的利润不同，是吗？

是的，使两个完全相同的公司有不同的会计报表的方式有许多种，这是其中的一种。需要记住的一点是企业每年使用的方法必须相同，这样每年的会计报表才具有可比性。公司会在年报的会计政策中披露其所使用的会计方法，Wingate在其年报中也披露了这一信息。

应收账款和可疑账款的处理

Wingate公司的资产负债表中下一个标题是应收账款，它由许多项目组成，附注10对其进行了列示。首先，是对应收账款进行处理。

会计上对应收账款的处理比较简单。以 SBL 公司为例，我们来看一下应该如何操作，你只需要考虑坏账和可疑账款的影响就可以了。倘若：你了解到欠你钱的客户已经破产，他们无法偿还欠款，或你有证据认为欠你钱的客户可能会破产，且没有能力偿还欠款，那么，你应该为收不回来的应收账款分配一定补偿。当你确定应收账款不能收回时，你需要注销应收账款。若你只是认为有可能无法收回欠款，那么你应建立坏账准备账户来抵销应收账款。

无论是注销应收账款还是做坏账准备，会计处理都是相同的。

- 减少（贷记）应收账款；
- 减少（借记）留存收益。

如果认为某笔应收账款无法收回建立了坏账准备，后来又收回了这笔账款，应如何处理？

你需要做反向处理，实际上，在其他账户中会显示为一种利润：

- 增加（借记）现金；
- 增加（贷记）留存收益。

预付款

与 SBL 公司的会计处理方式相同。

其他应收账款

包括其他所有没有归属的应收账款。

现金

正如我解释的，当我们把 SBL 的账目集合在一起，公司的现金不同于个人的现金。个人的现金指钞票和票据，不包括信用卡或银行存款。

对于企业而言，现金是指能够很快变现用来支付给他人的钱。因此，在流动账户中的钱都定义为现金。但是，存款账户中任何被占用超过 90 天的钱都不能算作现金。

负 债

我们已经讲解了 Wingate 公司的资产负债表中的资产。只要遵循基本原理这些都不是难题。现在我们要来学习不同种类的负债。

资产负债表只将负债分为两大类：

- 流动负债（即偿还期在 12 个月之内的负债）；
- 长期负债（流动负债之外的负债）。

关于流动负债与长期负债的具体内容在附注 11 和 12 中有列示。

应付账款

处理应付账款并不困难，与 SBL 的会计处理方法相同。

社会保险和其他税金

企业需要为员工支付社会保险并为他们代缴个人所得税。这些费用通常在每个月结束后两三周内支付，因此，在月末这些费用常被确认为负债记录在资产负债表中。

应向税务机关缴纳的增值税通常被确认为这一类负债。

应计费用

正如我在创建 SBL 公司的资产负债表时所描述的，应计费用是按照内容匹配原则应在会计报表中确认，但还没有收到票据或票据时间在会计年度之后的费用。与应收账款不同，应计费用往往不包括增值税。

预收收入（递延收入）

许多企业会预收配送费作为定金；有时也可能预收全款，如订阅杂志时往往需要提前支付全年的费用。

我们在讨论会计实践时讲解了如何对预收收入进行会计确认。

银行透支

大多数人对银行透支都十分熟悉。它是一个普通的流动账户，该账户中现金的额度为负数。许多企业拥有银行透支账户，用来支付所有日常账单，并且将客户支付的现金存放在该账户下。

同对待个人客户一样，银行通常对企业开放透支业务。这意味着企业可以积欠银行透支到一个特定的额度。银行的透支业务通常没有时间限制，但银行会保留要求立即还款的权利。这就是银行透支被视为流动账户而不是长期账户的原因。

银行贷款

银行贷款与个人贷款极其相似。企业用银行贷款购买设备、建筑和一些其他资产。本金的偿还（即贷款额）以及利息支付都事先有所规定。利率有时是固定的，有时是浮动的，举例来说，贷款利息可以描述成“12 个月的 LIBOR＋3％”。LIBOR 是伦敦银行间拆放款利率，这是银行间的借贷利率，这个利率的大小取决于借款时间的长短，因此，12 个月的 LIBOR 是银行之间 12 个月的借款利率。计算上例中的贷款利率时，银行需在当前 12 个月的 LIBOR 的基础上加上 3％。

贷款协议可能有一些其他条件和限制，这种协议称为合同。贷款人不可以违反合同，通常情况下，银行也没有要求贷款人立即偿还本金的权利。

银行贷款常伴随着企业资产抵押。资产抵押确保银行在企业出现财务困难时有权首先出售其所抵押的资产。抵押物是固定资产时，称为固定资产抵押，这与住房抵押相同。若抵押物是企业的其他资产如存货或应收账款之类随着企业日常经营而不断变动的特殊资产，则称为流动资产抵押。抵押的物品称为抵押物。银行贷款常称为优先债务，因为在债务偿还方面银行优先于企业的其他债权人。

在 Wingate 公司的例子中，你可以看到：

➢ 有 525 000 英镑的银行贷款属于流动负债，这意味着 525 000 英镑的银行贷款需要在 12 个月内偿还。

➢ 有 2 625 000 英镑的银行贷款属于长期负债。

租赁

租赁是资产（如建筑物、汽车、复印机）所有者和想在一段时间内使用该资产的人之间的契约。资产所有者称为出租人，资产使用者称为承租人。

会计上，租赁分为两种：经营性租赁和融资租赁。

经营性租赁

经营性租赁是指承租人在一段时间内使用资产并向出租人支付租金，通常租赁时间小于该资产的使用寿命。典型的例子包括企业租赁办公场所，租期为 10 年；或建筑公司从重型机械租赁公司租用吊车，租期 4 个月。支付期常为一个月或一个季度，会计附注中会显示经营性租赁的租期，以及下 12 个月需要支付的租金金额。你可以在 Wingate 公司会计报表的附注 16 中看到这些内容。

我们通常用直线法来计算经营性租赁。这意味着，也许现实中每期支付的租金金额不同（通常情况是这样的），但我们忽略这一点，在每一个会计期间的损益表中以相同的金额列示。

但可能你已经对每期应付金额有所承诺，那么会计如何确认不同的费用？

举例说明，假设你租了一个办公室，租期为四年。房东说第一年不需要交房租，这称为免租金期，是一种常用的吸引人们进行资产租赁的方法。接下来，假设在免租金期之后，每个季度的租金为3 000英镑，支付日为每季度初。

这表明租期内的租金总额为3 000英镑×4个季度×3年＝36 000英镑。因此在租赁的四年中，平均每年的费用为9 000英镑。

这个金额需要在每年的损益表中体现出来。因此，在第一年，我们需要将留存收益调低9 000英镑，但与其相对应的账户是什么呢？现金账户并没有改变，因为我们并没有向房东支付任何现金。答案是产生了欠房东的债务，尽管并没有实际的账单。因此，我们将其确认为应计费用，就像SBL资产负债表中的调整事项15那样。所以，会计分录为：

借：留存收益　　9 000
　贷：应计账款　　9 000

那么，第二年如何处理呢？我们实际上付给房东12 000英镑的租金，但如果我理解正确，我们只在损益表中确认9 000英镑的金额。

是的，这个问题（以及所有涉及不止一个会计期间的会计问题）的关键是要累计起来看。因此，第二年年末以累计为基础：

➢ 实际支付给房东的总金额为 12 000 英镑。

➢ 需要在损益表中显示 18 000 英镑的总费用。

由于我们希望损益表中体现比实际支付的费用更多的金额，因此，在第二年我们需要确认应计账款来抵销金额上的差异（即 6 000 英镑）。

那么，第二年的复式记账为：

借：留存收益	9 000	
应计账款	3 000	
贷：现金		12 000

因此，你现在已经完成了：

➢ 两条降低留存收益的分录，共 18 000 英镑；

➢ 一条降低现金的分录，12 000 英镑；

➢ 两条应计账款分录，净值为 6 000 英镑（9 000 英镑增加额减去3 000 英镑减少额）。

是的，你应该能够做出下两年的账。在第 4 年年末，租赁总共支付了 36 000 英镑的现金，这等于留存收益账户中所显示的总费用（9 000 英镑×4 年），因此，没有应计费用需要抵销，因为在第 4 年年末已经不存在负债，所有的金额已经支付完毕。

> 假设租赁需要预先支付比直线法多的金额（即预付），那么应如何处理？

这仅是一个数学上的问题，在第 1 年年末，房东对你有负债而不是你对房东有负债，所以你已经获得了资产。因此，现金账户和留存收益账户会有所不同，应该是预付而不是应计。这就像 SBL 资产负债表中的交易事项 13。

融资租赁

融资租赁是指承租人使用资产的时间占该资产使用寿命的绝大部分。在这种情况下，承租人承担了大部分风险，并获得该资产的所有权作为回报。我们用来确认融资租赁的方法与经营性租赁的方法不同，过程略微复杂。

假设你需要一辆汽车，全款购买要花费 10 000 英镑。若使用租赁的方式，你可以从银行借款来购买这辆汽车。那么，你的资产负债表会呈现固定资产 10 000 英镑，银行负债 10 000 英镑。接下来，你将按照处理其他固定资产和贷款的方法来处理这笔交易。你应该以适当的比率确认折旧以及支付借款利息，并在指定的时间偿还借款。

以这种方式获得汽车需要在资产负债表中确认资产和银行贷款。但倘若使用经营性租赁，资产负债表中既不出现资产也不出现负债。你只需在支付时确认现金和留存收益的减少额即可。

用处理经营性租赁的方法来处理融资租赁称为表外融资，因为实际上你从银行借款购买汽车，但却没有将其体现在资产负债表中。因此，企业可能大规模举债，但却不在资产负债表中体现出来。当采用融资租赁时，这样做可以让其看起来像贷款和资产购置两个单独的交易。

我理解了原理，但我不知道会计是如何操作的。你能详细地解释一下吗?

最好的方法就是举例说明。假设你同意每月支付给出租人 300 英镑租一辆价值为 10 000 英镑的汽车，租期 48 个月。在租赁期间内，你承诺支付给出租人的总金额为 14 400 英镑。实际上这相当于出租人借给你 10 000 英镑（汽车的价格），你需要分期偿还利息 4 400 英镑，期限为 48 个月。

因此，你在资产负债表中确认资产 10 000 英镑，欠出租人的负债 10 000 英镑。资产折旧的方法与其他资产相同。租金支付的处理分成两部分。300 英镑中一部分用来偿还 10 000 英镑的“贷款”，降低负债；剩下的部分用来支付利息，降低留存收益。在 48 个月之后，你支付的金额为 14 400 英镑。

如何知道多少是用来偿还贷款，多少是用来支付利息呢?

这个问题有些复杂。当制编自己的报表并进行融资租赁时，你只需理解如何操作即可。通常来说，在租赁的早期，支付的大部分金额是用来偿还利息的；在租赁的后期，支付的大部分金额是用来偿还本金的。

你需要理解的是这些账项的含义：

➢ 资产负债表中有类似租赁负债的项目，显示有 10 000 英镑的贷款需要支付。在 Wingate 的例子中，你可以从附注 11 和 12 中看到 Wingate 需在 12 个月之内支付 171 000 英镑的租赁负债，之后支付 430 000 英镑。

➢ 损益表中有类似融资租赁利息的项目，是本年应支付的租金的一部分，是 10 000 英镑的“贷款”的利息。例如，Wingate 报表的附注 5 显示，融资租赁利息为 82 000 英镑。

➢ 现金流量表中有类似融资租赁资本的项目，是本年应支付的本金的部分。在 Wingate 的例子中，你可以看到在第 5 年偿还了 152 000 英镑。

发票贴现

除了银行贷款或银行透支，发票贴现也是中小型私营公司和少数大型公司经常使用的一种借款方式。发票贴现方借钱给你，因而产生一项对你的应收账款。当你收到客户的付款时，需要立即将借款如数还给发票贴现方。只要开出新的销售发票，你就可以通知发票贴现方，它会为你提供相应数额的借款。因此，发票贴现方就如同一个透支机构，时刻与应收账款直接相连。但这种借款比较昂贵，因为你不仅需要支付利息，还需要支付服务费。但有时它比银行透支要容易获得。

为什么说发票贴现是代替银行贷款或银行透支的一种选择？不可以同时选择两种吗？

是的，通常我们不会同时选择两种。因为银行与发票贴现方都希望将应收账款作为担保，但不能重复担保。不过，你可以适当地采用发票贴现，然后用公司的其他资产（例如不动产）作为抵押来申请银行贷款。

税金

从原则上说，公司所得税很简单。企业进行销售因此产生税金。在支付贷款利息、银行透支等后，企业产生利润（税前利润），这部分利润属于股东。英国税务海关总署（HMRC）通过征税抽取一部分利润，这就是公司所得税。大型公司每年都需要如期支付公司所得税，小型公司需要在财政年度结束后 9 个月内支付。因此，小型公司的资产负债表常在流动资产下显示公司所得税负债。

实际情况会略微复杂，因为公司所得税是按应纳税所得而不是税前利润的一定比率来计算的，应纳税所得与税前利润不同的原因有很多种，而且计算起来比较复杂。例如，公司在之前几年发生了亏损，那么这些亏损会降低本年度的应纳税所得。HMRC也有自己的扣除折旧的方法，这是导致大多数公司的应纳税所得与税前利润不同的原因。目前，会计准则要求公司（除小型公司外）解释应纳税所得与税前利润的差异。

在英国，有很长时间存在两个不同的税率——小型公司为 20%；其他公司比这个数字高一些，且会因年度和政府原因不断变化。近期后者的税率明显降低，目前与小型公司的税率差异并不是很大。

所有者权益

股本

公司中会存在许多种类的股本。Wingate公司只有普通股一种股票，这是到目前为止最为普遍的类型。这种类型的股票比较容易理解。通常，普通股每股都有一票投票权，每股股票获得的股利金额都相同；若公司被其他公司收购或破产，每股股票所得收益也相同。

在《2006年公司法》实施以前，公司的股东需要对公司股票发行的最大数量达成一致，这即是股票的授权数量。你常会在2006年之前创建的公司的会计报表中看到对授权的股本的介绍，但在新成立的公司中通常看不到。当投资者把钱投资到公司，公司就会把股票分配给投资者（即发行股票）。所有的股票都有票面价值，这是股票可以分配的最低价值。在股票分配时股东按全额支付，但这不是必须的。若并没有全额支付，那么，公司的董事可以要求股东支付剩下的部分，尽管他们并不情愿。当你看附录1的附注15时，你会发现有1 500 000股票面价值为5英镑的股票已授权，但实际上只分配了1 000 000股，这些已经分配的股票是全额支付的。

股本溢价

我刚刚提到，股票的发行不能低于票面价值，通常它会高于票面价值。支付的高于票面价值的金额称为股本溢价。股本溢价会在资产负债表中单独列出。

我们可以看到，Wingate 公司的股本溢价为 275 000 英镑。股东投入到公司的资本总额为已缴股本与股本溢价的总和。在 Wingate 公司的例子中，投资的总资本为 50 000 英镑加 275 000 英镑，即 325 000 英镑。

留存收益

现在，留存收益的意思就很明显了。概括起来说，留存收益即为没有被作为股利分配给股东的全部利润。

我再强调一下，留存收益并不是公司拥有现金的金额，通常留存收益由不同类型的资产构成。

损益表和现金流量表

提到损益表和现金流量表，我们在讲解 SBL 公司的这两个报表时已涉及了许多要点，但有些问题还须强调一下。

外币交易

假设你的公司总部在英国，你将产品以 7 000 美元的价格卖给美国客户，支付日为交易发生后的第 90 天。你应该将 7 000 美元以现行汇率转化成英镑，然后将这笔交易记录在你的会计账户中。假设现行汇率为1.75美元/英镑，那么7 000美元等于4 000英镑。

当美国客户支付货款时（90天后），汇率可能会发生变化。假设90天后汇率为1.6美元/英镑，这意味着客户实际支付了4 375英镑，但你的会计账户中确认的金额为4 000英镑。因此，90天后，你获得了375英镑的利润。

该利润为汇兑收益。当然，假如汇率升高，你将蒙受损失。汇兑收益或损失在损益表中列示，如果收益或损失比较重要，那么公司将会在附注中加以披露。

所以，假如公司的海外销售占销售的大部分，那么汇兑收益或损失会对利润造成较大的影响？

是的，这对于一些公司而言是一个比较重要的问题，当讨论上市公司时，我将会讲解如何解决这一问题。

异常事项

异常事项是指在公司日常活动中偶尔发生的、能够导致收入或费用增加且对会计报表产生重要影响的事件，这类事项需要单独披露。若异常事项属于以下的一种，那么该事项需要在损益表中确认。

- 业务出售或终止的收益/亏损；
- 基本重组费用；
- 处置固定资产的收益/亏损。

为了公正地展示年度利润/亏损，重要事项会在损益表中列示；

除此之外，其他所有异常事项都在会计报表附注中列示。

特殊事项

特殊事项是指偶然发生的、能够为公司带来收益或导致公司蒙受损失的事件，通常公司并不希望此类事件发生。该类事件的发生所带来的收益或亏损称为特殊事项。目前，只有极其少见的事项才被归为特殊事项。

股利

公司可以在任何时间为股东发放股利，但其支付的金额不能超出可分配公积。可分配公积即以前未分配的已实现的利润。已实现利润意味着已经转化为现金的利润或者承诺能够转化为现金的利润。因此，在 Wingate 公司的例子中，可分配公积等于资产负债表中的留存收益。在交易比较复杂的公司中，可分配公积的计算就不会这样简单了。

新公司和成长迅速的公司不倾向于派发股利，因为它们需要将现金投入到业务中。私营公司在时机合适时派发股利，但大部分上市公司每年只派发两次股利。它们通常会宣布在财政年度中期派发期中股利以及在年末派发年终股利。期中股利的派发可以由董事会决定，但年终股利的派发需要在公司年度会议上获得股东的认可。一些公司，尤其是美国公司，每年派发四次股利。

关于股利，有一件十分重要的事情需要注意。只有在已经派发了股利或股东已同意派发股利的情况下，股利才可以在公司的会计报表中确认。Wingate每年派发一次股利，观察Wingate的会计报表附注7可以看到，第5年提议派发股利215 000英镑，第4年为184 000英镑。若观察损益表，你会发现第5年损益表中确认的股利为184 000英镑，即第5年实际支付的金额是第4年提议派发的金额。

当讨论股利时，我们将解释股利是如何在会计报表中呈现的。

储备金

你是否记得我之前说过，损益表应该被称为“留存收益变化解释”，因为它显示了股东在本年度所获得的利润以及他们从公司拿出的股利。会计的任务是停止将股利在损益表中显示，我们将股利放在Wingate的损益表中是为了让大家理解损益不过是对本年度资产负债表留存收益变化的描述。

未来，你可能会阅读其他公司的会计报表，你会发现损益表到“年度利润”一项就截止了。但你能够从资产负债表的附注中名为“资本和储备金”的一项中找到损益与留存收益之间的联系。当你观察附注13时，你会看到这一项。它的作用是解释股东权益中的每一项是如何变化的。Wingate公司的例子显示：

- 股本或股票溢价账户没有发生变化。
- 本年度产生的利润（我们可以在损益表中看到）使留存收益增加463 000英镑，派发股利导致留存收益降低184 000英镑。

为什么关于股东权益的注释被称为资本和储备金？

因为公司法规定除了股本之外的任何股东权益都叫作储备金。因此，股东权益变成了资本和储备金。许多人认为“储备金”就是现金，但我们知道并不是。因此，我一直避免使用储备金这个词。

股东权益变动

附注 14 就是股东权益变动。附注 14 的作用与储备金的附注的作用极其相似，即显示本年度股东权益的变化情况。不同的是它不分别显示资本和储备金账户，只显示本年度和上一年度的股东权益。

每股收益

当对公司进行估价时，许多投资人和分析师都会采用每股收益法（EPS）。收益是年利润的另一种表达方式。假如你是小投资者，知道每股股票的价格，有助于了解股票的获利情况。这个数额会在损益表的最后一行显示。

Wingate 公司第 5 年的每股收益计算如下：

$$\text{每股收益}=\frac{\text{年利润}}{\text{股票数量}}=\frac{463\,000}{1\,000\,000}=0.463(\text{英镑/股})$$

假设 Wingate 公司在第 5 年有新股发行，那么我们将使用第 5 年发行股票的时间加权平均数来计算，即用第 5 年新发行的平均数对已发行的数量进行调整。

确认收益或亏损/持续活动

在 Wingate 损益表下面的这两个表是什么？

后文介绍上市公司会计报表时我们会讲解这两个表。

现金流量表

观察 Wingate 公司的现金流量表，你会看到它与 SBL 公司的现金流量表十分相似，但在后面附有一些额外的表格。这是完整的现金流量表的一部分，它提供了更多与公司净债务相关的信息。净债务是总债务（透支、贷款、融资租赁等）减去公司拥有的现金。通常你可以通过主要的报表计算出净债务，但直接将这一信息披露出来会更好。

以上介绍了 Wingate 公司会计报表的概况。现在我们将开始对这些会计报表进行分析，了解它们是如何发生的。

第 7 章/*Chapter Seven*

财务分析：简介

到目前为止，前面学习的所有章节都是有关如何做账的。所以，你应该能够读懂一家小型或者中型公司的报表了。但这并不意味着报表能告诉我们一切，这就是要进行财务分析的原因。

本周所发生的事情某种程度上是由于汤姆对公司财务状况的担忧。公司董事会会让你相信公司的经营状况良好——销售额、净利润和股利都在有条不紊地增长。然而，汤姆却感觉到公司正在通过疯狂扩张、降低价格和提供非常优惠的付款条款来赢得合同。另外，公司一直投入大量金钱在房地产上。

我曾在一些细节上注意过 Wingate 公司，事实上我曾看过它过去五年的报表，并且发现了一些有趣的现象。在分享这些之前，我想先说一下财务分析所涵盖的三个重要方面：

➢ 首先，应该明白一个公司的最终财务目标，或者说一个公司努力试图达到的财务状况。

➢ 其次，应该懂得公司中这两类活动的区别：经营活动和资金结构。

➢ 最后，我会简单描述财务分析要用的基本方法。

在本章结尾，我会给你们展示 Wingate 公司的销售额、利润和股利，也正如汤姆所说，从财报中看公司前景大好。看完这些之后，我们将在下一章继续通过阅读这些财务报表来分析到底公司的前景好在哪里。

公司的终极目标

如果给你 100 英镑让你投资，你可以有很多种选择。例如：

➢ 全部用于买彩票。

➢ 全部压在纽马科特某场赛马比赛中的冷门选手上。

➢ 全部购买一家新建立的石油公司的股票。

➢ 全部购买全英前 100 强公司的股票。

➢ 全部存在一家大银行里。

在做选择的过程中，应该注意以下几点：

➢ 首先，风险递减。也就是说，如果选择第一个，那么你极有可能血本无归；如果选择第五个，那么非常确定能够收回本息。

➢ 其次，收益递减。如果彩票中大奖，那么短短的几天内你将成为百万富翁；如果将钱存放在银行里，一年的利息还不到 10

英镑。

结论就是，有收益的地方才值得冒风险。风险越大，潜在的收益也就越高。

在谈到公司在社会中扮演了什么样的角色时，不可避免地会有一场辩论。但有件事情却是确定的，那就是股东冒着风险进行投资的目的就是获得高收益。我们在分析公司的业绩时也正是遵从这一准则。

风险越高，收益就应该越大。衡量风险非常困难，因为风险完全不是我们所能掌握的。即便如此，我们还是明白投资获得的收益应该高于把钱存到银行账户里所得到的利息，因为后者几乎不存在风险。当然，由于受到经济环境的影响，存放到银行账户的存款的利息率从 0 到 10%在不断变化，此处我们采用 5%（税后）的利息率作为基准利率。

那么 Wingate 公司的管理层追求的是否仅仅是投资的收益最大化呢？

基本上是这样的，但首先要基于两个重要原则。

长期视角原则

一些公司可以非常容易地增加它们的投资收益。假如你经营着一家公司，公司成立时间较早而且在行业内占主导地位，那么假如你提高产品的价格，短期内利润会有所增加，同样股东收益也会增加。但从长期来看，顾客将不再从你这里购买商品，转而投向你的竞争对手，很快你的市场份额就会减少，利润将会下降，甚至会低于涨价之前。

结论显而易见，短期的收益在长期会付出代价。因此管理层必须站在股东的角度进行利益的权衡。

流动性原则

第二个原则涉及的是现金流和盈利能力的权衡，无论对于个人还是公司，这个原则都同样适用。假如你有500英镑，你想把它们全部存在银行，那么你可以放在一个普通活期存款账户中，每年的利息率为2%；也可以听从银行经理的建议，将它们存在一个定期存款账户中，每年的利息率为4%，唯一的条件是存在定期账户中的存款至少要存满一年。

显然，存在定期账户将会比存在普通活期账户获得更高的收益率。但假如你必须在两个月后支付一份账单的尾款，也就是说恰好需要这500英镑，那么你的选择将会是普通活期存款账户，获得较低的收益率。

公司经常会在利润和现金流之间做类似的权衡。其中，最常见的权衡就是有关商品买卖条款，大多数企业会为立即付款提供折扣，针对延期付款收取额外的利息。

流动性指的是企业的短期偿债能力。流动性降低，收益就会增加，但降低到一定程度，将会影响你及时偿债，甚至导致破产。

所以我们的结论就是公司的财务目标是公司收益最大化，同时兼顾两个原则：一个是需要从长期和短期两个视角进行恰当的权衡；另一个是保持公司资产流动性，是吗?

正是如此。

公司的两个组成部分

公司概述

让我们简单地描述一下一家公司：

1. 公司的资金来源是股东投入和银行借款。

2. 筹集到资金后，它利用筹得的资金进行各种交易活动。活动包括但不限于：

- 购买（或出售）固定资产；
- 购买原材料；
- 生产产品；
- 出售产品和服务；
- 支付员工工资、支付供应商货款；
- 从顾客那里收取销售款；
- 其他活动。

3. 如果公司各项经营活动顺利，那么公司最初的投资者将会获得收益。首先支付银行借款的利息，税后收益才是股东所享有的权益。

以上是公司框架的简单介绍，所有公司都离不开这个框架。

需要注意的一点是，公司的经济活动并不会受到资金来源结构的影响，也就是说公司进行正常的生产经营活动所需的资金和这些资金是由谁提供的并不相关。公司正常经营最基本的经济活动，称为经营活动。

但是资金的来源会影响利润分配给债权人以及税务机构和股东的份额，也就是说公司的债务越多，分给债权人的利息就越多，缴税和分给股东的就越少。资金来源的组成我们称为资金结构。

我们明白这些，但我不明白它和财务报表有没有关系，答案应该是有？

是的，有关系。要搞明白其实很简单。我们首先来看图 7－1 中的资产负债表图，该图将所有的项目都分为两类，其中有阴影的部分属于资金结构，如果进一步学习该图，你会发现所有没有阴影的部分都不会受资金结构的影响。

现金也有阴影，也就是说它也是资金结构的一部分。现金不是不受资金来源的影响吗？

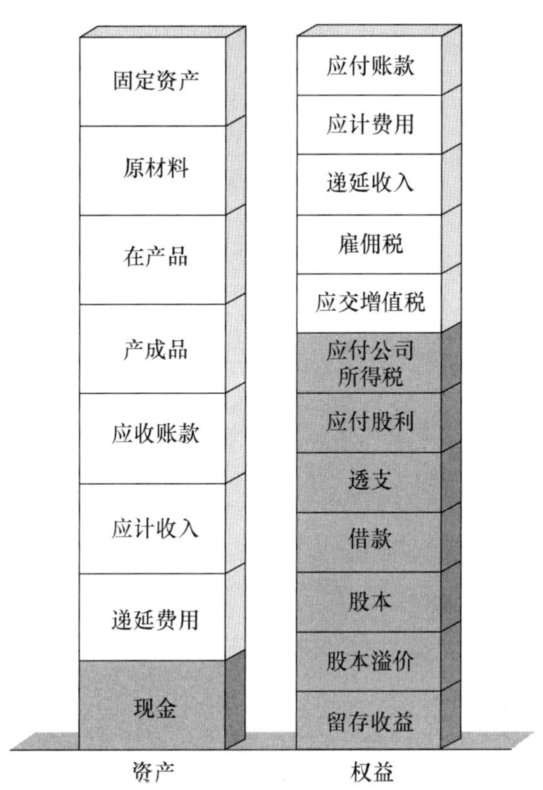

图 7-1 资产负债表图模型区分了资金结构与经营活动

是的，它不会。但是当你的资产负债表上有现金存在时，那么相应的资金的需求就会减少，因此资金净需求量需要扣除现金（或银行存款）。

> 为什么会将雇佣税和增值税作为经营活动的一部分呢？刚刚不是说税是资金结构的一部分吗？

这个问题很好地阐释了应该如何使用这个规则，也就是说使用规则的时候应该考虑项目的本质是什么，而不是从字面意思出发。

社会保险、代扣的员工所得税、增值税之类的税费主要依赖于公司具体的经营活动，诸如卖出商品金额、买入商品金额、工人数量和工资数量等。因此税的多少并不受资金来源的影响，它们属于经营活动的一部分。

公司所得税需要在支付借款利息后计算。支付的借款利息越多，所缴纳的公司所得税就越少。也就是说公司所得税是受借款影响的；换言之，它受资金结构的影响，所以属于资金结构的内容。

资产负债表的重构

实际上我们可以重新编排资产负债表，将经营活动和资金结构分开，要做的仅是将一个项目从资产负债表等式的一边移到另一边。

例如，处于权益这一列的顶端的应付账款这一项，将它减去资产这一列中的应收账款这一项的金额，然后重新命名为“应收账款减去应付账款”。由于从资产负债表两端减去了相同的金额，资产负债表仍然是平衡的。

为了更好地区分经营活动和资金结构，我们对资产负债表做了如下调整，得到重构后的资产负债图（见图7-2）。

1. 将除固定资产外其他所有与企业业务相关的项目汇总在一起，称为运营资本。即

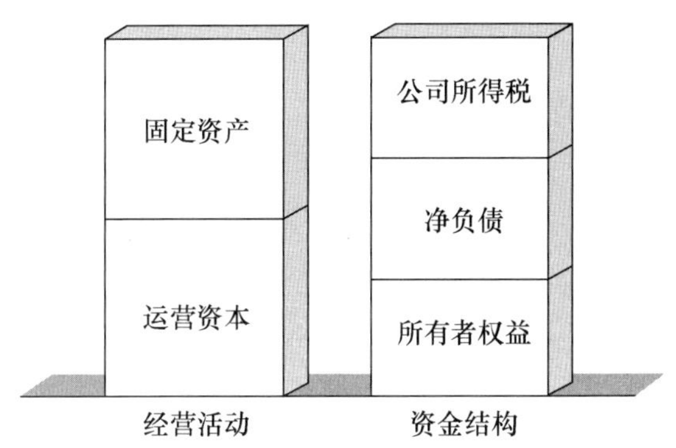

图7-2 重构后的资产负债表图模型

运营资本＝原材料＋在产品＋产成品＋应收账款＋应计收入
＋递延费用－应付账款－应计费用－递延收入
－雇佣税－应交增值税

> 那么运营资本是什么呢？不需要像购买固定资产那样出去购买对吗？

是的，不需要。运营资本就是公司运营需要的资金。当你不持有股票、不赊销商品、不预付货款等的时候，它就等于你存在银行账户里面的现金。当你做这些事情的时候，就意味着你将现金投资于运营资本。

2. 由于现金可以支付借款，拥有的现金量意味着透支额或者银行借款的减少。因此，重构资产负债表时，我们增加了一个新的项目——净负债，它是公司所有的负债减去现金后的净额。

3. 观察Wingate公司我们发现，所有者权益，也就是公司资产中由股东提供的那部分，是由股本、股本溢价和留存收益组成的。

那么仔细考虑一下，鉴于应付股利也是应支付给股东的一部分，它应该也被列示在所有者权益之下。

但是为什么应付股利并没有被列示在所有者权益下面呢？

因为一旦股利宣告发放，那么它就成为一种现时负债，与其他负债没有区别。大部分股利被宣告后都在短时间内及时支付，所以在资产负债表上应付股利并不常见。这说明原则的重要性。

为了便于进行财务分析，通常把应付股利放到所有者权益下面，因此所有者权益代表了股东为公司提供的全部资金。在重构后的资产负债表中将所有者权益作为单独的一项列示。

为什么应付股利和留存收益在所有者权益中需要分开列示？股东提供的唯一资金来源就是股本和股本溢价。

确实，被公司欠债和把钱投资于公司没什么不同。应付股利和留存收益都是股东的权益。当然，如果你把事情想象成公司把欠股东的钱还清，然后股东又立刻把钱以股本的形式投资到公司也是一样的。

4. 我们唯一还没有考虑的问题就是公司所得税了。这其实和应付股利、留存收益是一样的。税务机构并没有投钱到公司，但是所得税可以被想象成税务机构通过不立刻收回公司所欠款项的方式来为公司提供资金。

如果你现在再来看重构后的资产负债表，它非常清楚地展示了：

➢ 公司的资金来源；

➢ 筹集资金的用途。

Wingate 公司重构后的资产负债表

我们可以重构 Wingate 公司第 5 年年末的资产负债表（见表 7-1），它会使我们以后的分析更便捷。可以看出，重构后的资产负债表中所有科目的金额都跟之前一样且依然平衡。

表 7-1　Wingate 公司第 5 年年末的重构后的资产负债表　单位：千英镑

经营活动			
固定资产			5 326
运营资本			
存货			
原材料	352		
在产品	17		
产成品	862		
存货合计		1 231	
应收款项			
应收账款	2 125		
预付账款	78		
其他应收款	36		
应收款项合计		2 239	
负债			
应付账款	(863)		
社会保险/其他税金	(150)		
应计费用	(113)		
预收现金	(20)		
负债合计		(1 146)	

净运营资本		2 324
净运营资产		**7 650**
资金结构		
税		131
净债务		
现金	（12）	
透支	933	
借款	3 150	
融资租赁	601	
净债务		4 672
所有者权益		
应付股利	0	
股本	50	
股本溢价	275	
留存收益	2 522	
股东权益合计		2 847
净资金		**7 650**

Wingate 公司的损益表

在经营活动和资金结构之间区分损益是非常简单的。所有有关营业利润的项目都是经营活动的一部分，它们中没有哪个项目会受资金结构的影响。因此，营业利润正是由运营资产所创造的。

Wingate 公司的现金流量表

同样，如果你看一下公司的现金流量表，就会发现 6 个不同的标题可分为两类。

- 经营活动和资本支出与经营活动有关；
- 投资和筹资回报、税、股利支付、筹资活动属于资金结构范围。

我明白这些话的意思，但是做这种区分有什么意义呢？

这种区分非常重要，理解起来也非常简单。经营活动代表了企业实际的经营，资金结构则表明企业的管理者所选择的筹集必要资金的方式。通过区分二者，我们可以：

- 评估公司的业绩，不受资金来源的影响；
- 通过公司筹集资本的方式研究股东和债权人的意图。

财务分析的普遍方法

即使明白了公司的报表是怎样形成的，仍然会有一大堆的困惑。分析一个公司的报表并不像读小说，而更像查阅字典，当对某个账户感兴趣的时候会查阅它们。

任何财务分析都需要最基本的三个步骤：

- 选择感兴趣的业绩指标；
- 查看该指标值（必要的时候需要计算一下）；
- 解读该指标，尽可能地通过指标得到公司的一些情况。

业绩指标是指能够衡量公司业绩的一些指标。现在普遍采用的是对关键业绩指标（KPI）进行衡量。一个业绩指标是否为KPI取决于环境条件，一些有用的KPI是能够直接从报表信息中得到的，典型的就是销售收入。但通常，最重要的KPI通常是报表中一个科目和另一个科目的金额之比。

KPI分析

有两种KPI分析方法：

- 趋势分析；
- 标杆分析。

趋势分析是指分析一个KPI在一定时期内的变化趋势。从趋势分析中能看出公司的管理现状，并能预计公司未来业绩。通常在进行趋势分析时我们选择的时间长度为5年。

标杆分析是指将公司的某个KPI与竞争对手或者通用的标准在某个时点进行对比分析（诸如存款利率之类的）。

与竞争对手对比的标杆分析对在行业内寻找自身的相对优点是非常有用的。同时这也是我们要对经营活动和资金结构进行区分的原因之一。同一个行业的不同公司可能会有不同的资金结构：有的企业可能没有债务，有的企业可能债务较多。但如果你只对它们的基本经营活动是怎样运行的感兴趣的话，那和资金结构的关系就不大。

即使是和竞争对手对比进行标杆分析，最好的方法也是查看某个KPI的趋势，而不是静止在某个时点进行对比。

Wingate 公司的重点

我们现在差不多已经准备好对 Wingate 公司的报表进行分析了。在这之前，先看一下管理者比较关心的几个 KPI 指标：销售收入、营业利润、税前利润、应付股利。图 7－3 至图 7－6 反映了不同指标 5 年的状况。

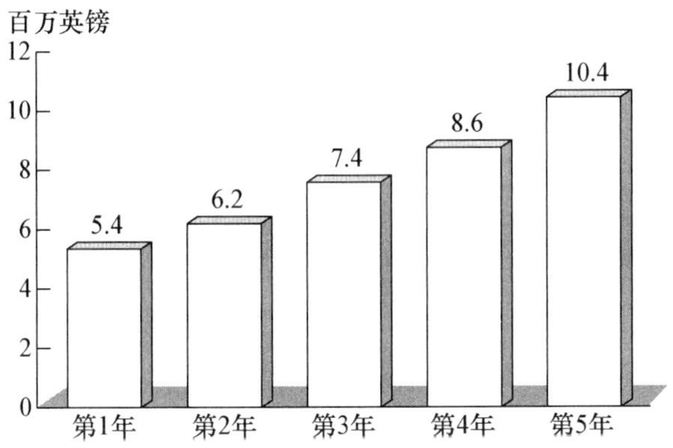

图 7－3 Wingate 的销售收入

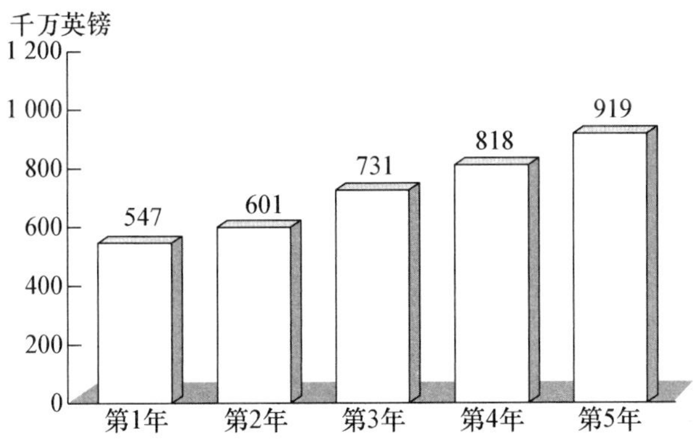

图 7－4 Wingate 的营业利润

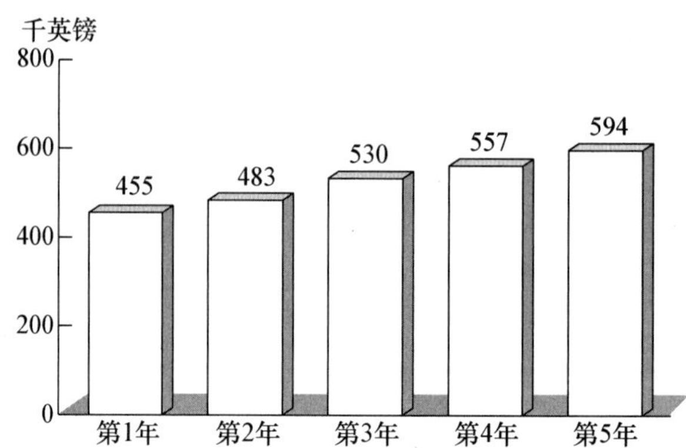

图 7－5 Wingate 的税前利润

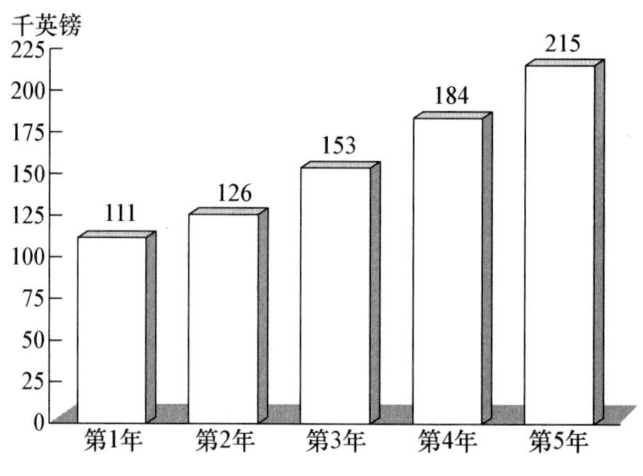

图 7－6 Wingate 的应付股利

基于以上表格可以看出，管理层的工作非常称职，所有的 KPI 都稳步增长。但有一个问题，这些 KPI 是我们需要的指标吗？

本章小结

- 通常，投资的风险越大，期望收益越高，也就是说，投资者一般是风险厌恶者。

➢ 公司对投资者给出的收益须与风险对等。

一个公司的财务目标是投资收益的最大化，但必须做好以下两方面权衡：

——长期和短期；

——盈利性和流动性。

➢ 我们从财务的角度对公司经营活动和资金结构进行区分。这种区分有利于：

——在排除公司资金结构干扰的情况下，评估公司的实际经营业绩；

——与同行业的竞争者做更多有意义的比对；

——通过公司的资金结构分析股东和债权人的意图。

➢ 财务分析需要查看和计算大量的 KPI，然后针对这些 KPI 进行趋势分析和标杆分析。

第 8 章/*Chapter Eight*

企业经营分析

我们现在已经准备好进一步研究 Wingate 公司的财务状况，从企业经营开始。

首先要学会如何计算企业的收益，分析它在过去的 5 年中有怎样的变化。然后思考收益为什么会这样变化。因而我们会进行一系列的其他分析，它们会引导我们窥见企业的真实财务业绩。

已动用资本回报率

当我们为了区分企业经营活动和资金结构而重构了资产负债表后，资产负债表的一边全是企业的净运营资产，这些即是投入到企业运营中的资产。公司的管理者力求使该部分资产收益最大化（至少要达到平均水平）。净运营资产通常也叫已动用资本，即企业运营中使用的资本。因此，公司业绩的衡量标准通常也叫已动用资本回报率（ROCE）。

已动用资本回报率的计算

前面我们已经重构了第 5 年年末的资产负债表（见表 7－1），从表中可以看出已动用资本也就是净运营资产在表中列示的是 7 650 000 英镑。

还可以看出资本回报就是运营资产所得的利润，也就是营业利润，从第 5 年的损益表中可以直接得出是 919 000 英镑。

因此已动用资本回报率如下：

$$\frac{919\ 000}{7\ 650\ 000}=12.0\%$$

下一步要做的就是计算前一年度的 ROCE。前一年度的所有数字都列示在第 5 年的数字的旁边。我建议按照第 5 年年末所做的那样直接重构第 4 年年末的资产负债表。当你对此类分析非常熟练的时候，你只需要看一下资产负债表上某个数字和附注就能知道公司的 ROCE。但是一定要细心，否则容易出错。

可以得出关于第 4 年的以下信息：

营业利润＝818 000 英镑

已动用资本＝6 055 000 英镑

已动用资本回报率＝13.5％

得出以上结论似乎有点让人惊讶，但我仍然有一个问题要问。为什么计算已动用资本回报率要用年末的已动用资本来计算呢？假如我把1 000英镑存入银行账户一年，得到的利息是40英镑，如果计算资本回报率时我会用1 000英镑作为分母而不是年末的1 040英镑（即我会说年资本回报率为4%，而不是3.8%）。

从技术上来讲，你是对的，萨拉。但投资者确实倾向于采用年末的数据，他们这样做的原因是由于已动用资本在年末通常会比在年初要大，也就意味着用年末数据计算出来的ROCE较小，这代表了对公司所持有的一种保守稳健的态度。

当然，也可以采用年初的已动用资本金额进行计算。计算出来的结果可能会有些许不同，但不会改变你所做的任何最终决定。也有人采用已动用资本年初和年末的均值，由于公司的已动用资本全年都在变动，因而选取均值是一个比较好的度量。但不管采用何种方法，实质性的东西不会改变。下面看一下ROCE能告诉我们什么。

ROCE vs 基准

就像前文提到的，向企业投资的目的就是获取比投资到银行更高的收益。因而我们首先要做的就是将ROCE与银行存款利率进行对比。为方便记忆，我们不妨以5%作为基准。

在第5年年末公司的ROCE为12%，在第4年年末为13.5%，投资于企业显然要优于存放在银行存款账户，鉴于投资于小公司股票和银行存款账户的不同风险，优势可能没有表面看起来的那么大。如果我们能够知道其他的竞争者的资料，就可以将它们的 ROCE 与 Wingate 公司进行对比，从而看出不同企业的业绩表现。

ROCE 的趋势分析

可以看出，ROCE 从第 4 年年末的 13.5%到第 5 年年末的 12%下降了 1.5 个百分点。但单靠这一数字无法得出任何令人信服的结论。我们应该从公司年度财务报告中找寻规律，看 ROCE 是否存在某种变化趋势。Wingate 公司过去 5 年的 ROCE 的情况已经绘制成图表（见图 8－1）。

图中显示出公司的 ROCE 正在急剧下降，确定是正确的吗？

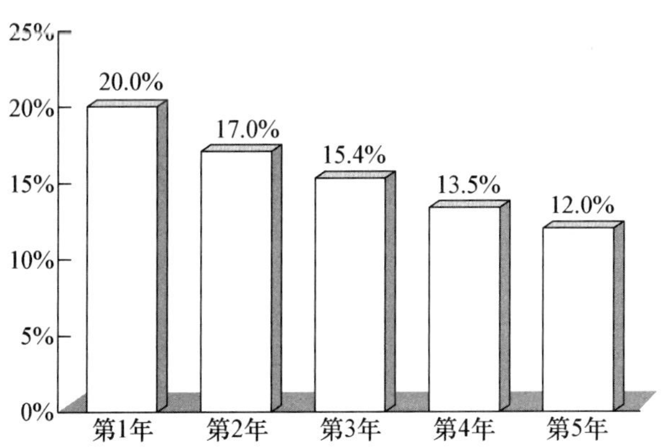

图 8－1　Wingate 公司的已动用资本回报率

图表是正确的，结果让人担忧。这个下降的趋势非常明显。如果这种情况继续下去的话，你投资于企业得到的回报将会不及投资于银行存款账户得到的回报。

> 但如果Wingate公司的利润在过去的5年中每年都在增长的话，ROCE为什么会下降得如此之快呢？

这就是为什么相较于利润人们更加关心盈利能力。ROCE是以已动用资本为基础计算的利润，尽管利润在增加，但已动用资本增加的速度一定更快，所以最终ROCE表现出下降的趋势。

ROCE的组成

可以看出ROCE的下降速度惊人，那现在我们想问一下是为什么。

之所以关心ROCE是由于我们关心确定数量的已动用资本能产生多少利润，而其中确定的是我们拥有一定数量的已动用资本进行经营活动，通过这部分资本获得销售收入，收入会产生利润。

资本⟶销售收入⟶利润

通过以上分析，我们有两个问题：

- 每1英镑的已动用资本能产生多少销售收入？
- 每1英镑的销售收入能产生多少利润？

我们将会用两个简单的指标来回答这两个问题。

资本生产率

首先要讲的指标是资本生产率，它是指每一单位的资本能够产生多少销售收入。该指标的计算只需要用销售收入除以已动用资本。该公司第 5 年的销售收入是 10 427 000 英镑，已动用资本是 7 650 000 英镑，因此：

$$资本生产率=\frac{销售收入}{已动用资本}=\frac{10\ 427\ 000}{7\ 650\ 000}=1.36$$

克里斯，这到底告诉了我们什么？

我们确实不能用这个值同其他行业的通用标准进行对比，因为每个行业的情况不同，但可以将该公司的指标与同一行业内的其他公司进行对比。这里我们要搞明白的是为什么公司的 ROCE 在持续下降。很明显，需要查看公司近 5 年的资本生产率，令人高兴的是，它们都已列示在图 8 - 2 中。

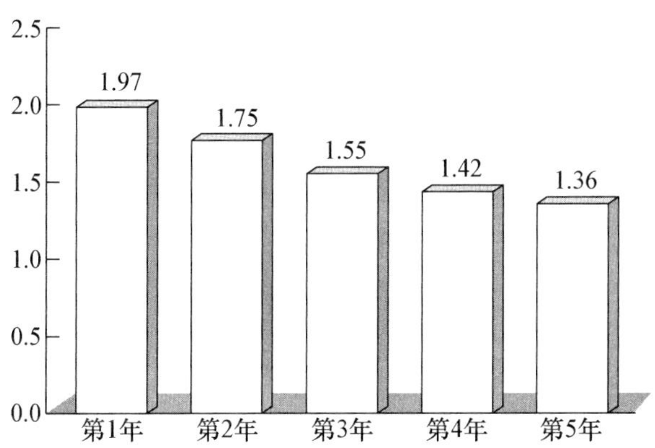

图 8 - 2　Wingate 公司的资本生产率

图 8-2 显示出，公司的资本生产率尽管目前看起来还算平稳，但整体已经出现明显的下降趋势。

那么，我们是期望资本生产率越高越好吗？

是的，一般来说是这样。已动用资本一定的情况下产生的销售收入越高越好，但还应该注意，真正有关系的是盈利性收入。假如抛开给定的已动用资本，那么几乎总是可以通过低价出售商品来提高销售收入，但这样做利润将会下降，进而导致公司的 ROCE 下降。

因此，我们要说的是，在其他条件一定的情况下，资本生产率越高越好。

销售利润率

前面刚刚学习了如何估算每一单位的资本产生的销售收入，那么接下来要学习计算这些销售收入中有多少利润。销售利润率的计算需用利润除以销售收入。如下：

$$销售利润率=\frac{利润}{销售收入}=\frac{919\ 000}{10\ 427\ 000}=8.8\%$$

图 8-3 中是 Wingate 公司过去 5 年每年的销售利润率（ROS）指标值。

图中显示，尽管没有资本生产率指标那么明显，但 ROS 也整体呈现下降趋势。当然，在其他条件相同的情况下，我们期望每单位的销售收入能产生尽可能多的利润，因而 ROS 应该是越高越好。

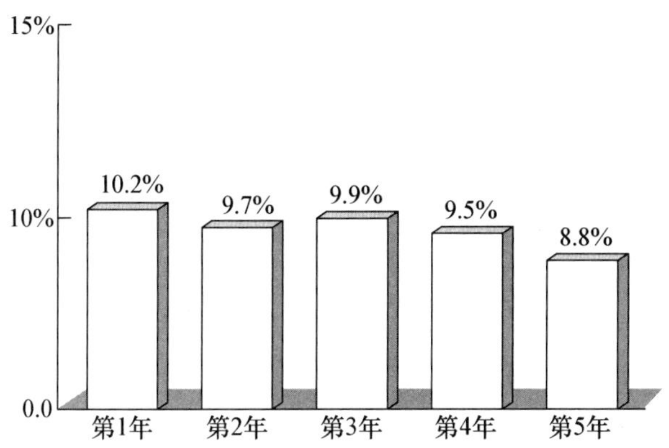

图 8－3　Wingate 公司的销售利润率

> 我真的不清楚 9%～10%是不是合适的 ROS 数值。有没有可以直接参考的通用标准呢?

没有，而且它们之间并没有相关性。ROCE 才是公司财务业绩的真正衡量指标。一些优秀零售商的 ROS 非常低，但由于它们有较高的资本生产率，它们的 ROCE 非常高。

指标之间的算术关系

ROCE、资本生产率、ROS 之间的关系可用算术公式表达如下：

利润/已动用资本＝利润/销售收入×销售收入/已动用资本

ROCE＝ROS×已动用资本

12.0%＝8.8%×1.36

下一步该怎么办

到目前为止我们已经知道 Wingate 公司的 ROCE 大幅度下降。也已得出结论这是由 ROS 和资本生产率均出现下降导致的，其中资本生产率的下降尤为明显。

我们自然想知道这些指标为什么会下降。接下来，将逐条分析它们下降的原因，并给出结论。

➢ 由于营业利润是支付营业费用后得出的结果，因而应该对营业费用进行分析，查看有什么结果。

➢ 已动用资本由固定资产和运营资本组成，其中运营资本由多个元素组成，因而可以对这些元素逐个分析。

使用前面介绍的方法，我们得到每一单位资产获得的销售收入和 ROS，然后对所有的费用和已动用资本中所有和收入有关的部分进行进一步分析。

费用比率

损益表中列示的费用有三种类型：销售成本、销售费用和管理费用。

销售成本、毛利润

销售成本（COGS）正如它字面所表达的一样——买入商品成本和销售商品所发生的费用。从损益表中看出，Wingate公司在第5年的销售成本为8 078 000英镑。我们用其除以销售收入的金额10 427 000英镑可得出销售成本率（COGS%）。

$$\text{COGS\%}=\frac{\text{COGS}}{\text{销售收入}}=\frac{8\ 078\ 000}{10\ 427\ 000}=77.5\%$$

同时可以看出，销售收入减去销售成本后即为毛利润。毛利润占销售收入的百分比就是毛利率：

$$\text{毛利率}=\frac{\text{毛利润}}{\text{销售收入}}=\frac{2\ 349\ 000}{10\ 427\ 000}=22.5\%$$

毛利率和销售成本率所表达的含义是一样的，不过对毛利率的讨论更多一些。

那么，克里斯，这些和“加成率”有什么关系呢？

企业中并不会经常用到“加成”这个词。如果你花77.5便士购买的商品之后以1英镑的价格卖出，那么你的销售成本为77.5便士，毛利率为22.5%（恰好与Wingate相同）。实际上加成率就是销售价格在销售成本的基础上加价的百分比，它等于毛利润除以销售成本：

$$\text{（以成本计算的毛利率）加成率}=\frac{\text{毛利润}}{\text{销售成本}}=\frac{22.5}{77.5}=29\%$$

现在让我们看一下Wingate公司的毛利率在过去的5年中的变化趋势（见图8-4）。可以看出，公司的毛利率在持续缓慢下降。

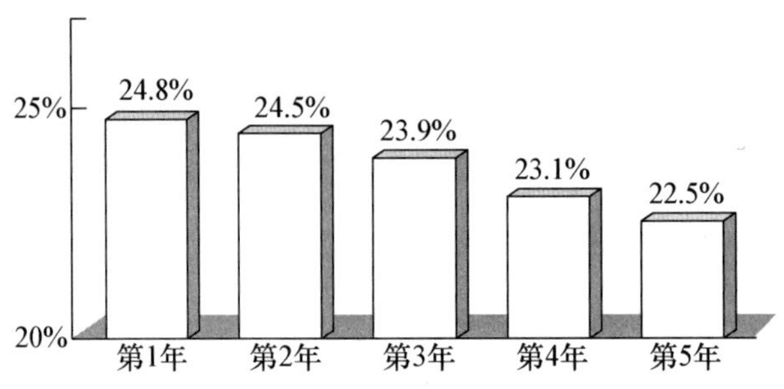

图8-4　Wingate公司的毛利率

这是不是说明每年1英镑的销售收入中的生产成本都比前一年有所增加？

是的。但是这句话的表述方式像是在说这些过失是由公司负责生产的经理造成的。如果公司经营得不好，那么这个表述就是正确的；反之，就不一定正确了。

进行分析前，必须记住销售收入是由销售数量（即饼干或者你所销售的其他商品的数量）和销售单价（饼干的单价）决定的。

销售收入＝销售数量×销售单价

显然，生产成本不会受销售单价的影响，但它会受销售数量的影响。举一个简单的例子，如果去年你以单价1英镑的价格卖出100万包饼干。生产这些饼干的成本为每包70便士。那么：

销售收入	1 000 000 英镑
销售成本	700 000 英镑
毛利润	300 000 英镑
毛利率	30%

如果今年生产经理将生产成本降低到每包 65 便士，但销售经理却只能以每包 90 便士的价格卖出相同数量的饼干，那么：

销售收入	900 000 英镑
销售成本	650 000 英镑
毛利润	250 000 英镑
毛利率	28%

可以看出尽管生产经理干得非常出色，毛利率还是下降了！

Wingate 公司毛利率的下降恰好与汤姆所说的销售部门为实现销售收入的增长而作出的降价决策相吻合。但很明显，生产成本的降低带来的收益并不能抵销价格降低带来的损失。如果 Wingate 公司已经赢得合同并具有一定的顾客忠诚度，那么它期望通过提升价格来改变下降趋势应该是可行的。

其他费用

Wingate 公司的损益表上列示的另外两项费用明细是销售费用和管理费用。我们也可以像前面一样，分别计算出二者在销售收入中所占的百分比。

首先看销售费用，它指销售部门所发生的费用和销售商品运输过程中的费用。Wingate 公司过去 5 年的销售费用占销售收入的百分比如图 8－5 所示。

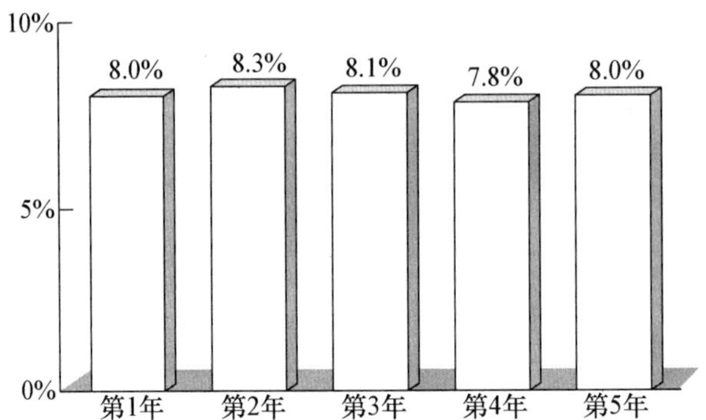

图 8－5　Wingate 公司的销售费用占销售收入的百分比

值得关注的一点是，图中显示的趋势几乎是水平的。考虑到价格下调的因素，只能说公司的销售更有效率。

管理费用占销售收入的比率有所下降（见图 8－6）。

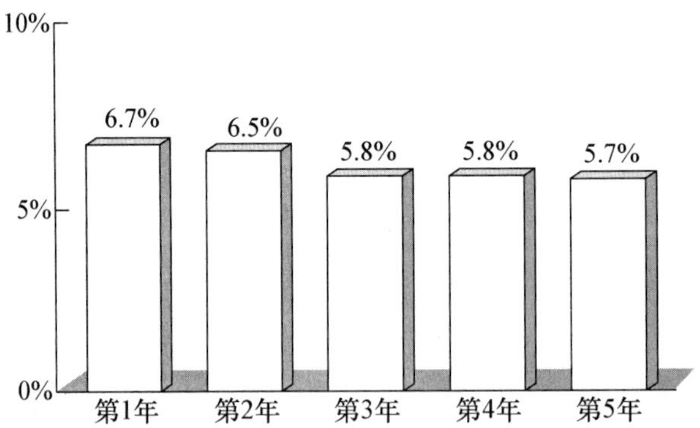

图 8－6　Wingate 公司的管理费用占销售收入的百分比

该指标的下降揭示了为什么 ROS 没有像销售毛利率那样大幅下跌：管理费用的减少起了作用。很明显，管理费用减少的金额是有限的，因而 ROS 和资本回报率可能会比报表显示出的趋势表现得更糟糕。

还需要关注的是，在第3年公司的管理费用突然下滑。你知道这一年发生了什么吗，汤姆？

我想应该是我们把所有职员都搬迁到新的办公大楼的那个时候吧？

那么是不是旧的办公大楼是租赁的，而新的办公大楼归自己所有呢？

是的。

所以事实上，从会计的角度来看，以上发生的所有的事情都是由于Wingate公司的管理费用减少，而管理费用减少是因为不需要再支付租金。公司的已动用资本由于新建办公大楼而增加，而且资产负债表上列示的固定资产也会增加。这样是为了提高公司的ROS，但是却损害了公司的资本生产率。这对于关键指标ROCE的净影响非常小；但据我们所知，这样做有百害而无一利。换句话说，在这里管理费用的减少并不是件值得开心的事情。

员工生产率

除了列示在损益表上的费用项目，财务报表附注提供的信息也可以帮助我们发现营业利润是怎样形成的。

附注4列示出不同部门的员工的数量。因此，我们可以计算人均销售额。一般来讲，在一个运转良好的公司，人均销售额增长的速度应该大于由于效率提高和科技进步导致的销售的增长。同时可以计算不同类型的员工的该指标的数值。

将该指标与公司竞争对手进行比较尤其能看出不同公司的效率和生产率的不同。

资本比率

为了解为什么资本生产率下降，我们首先需要看一下已动用资本的结构和它们是怎么运作的。

固定资产生产率

按照前文所说，已动用资本由固定资产和运营资本两部分构成。我们来分别看一下这两部分资本的生产率。例如，计算固定资产生产率只需用销售收入除以（年末的）固定资产金额：

$$\text{固定资产生产率}=\frac{\text{销售收入}}{\text{固定资产}}=\frac{10\ 427\ 000}{5\ 326\ 000}=1.96$$

也就是说，Wingate 公司的每 1 英镑的固定资产可以产出 1.96 英镑的销售收入。图 8-7 列示了公司在过去 5 年中该指标的变化趋势。

和资本生产率一样，我们也希望固定资产生产率越高越好。在 Wingate 公司的例子中，固定资产生产率从 2.5 一路下跌至 1.96，跌幅为 22%。从第 4 年开始该指标趋于平缓，当然这种趋势的扭转

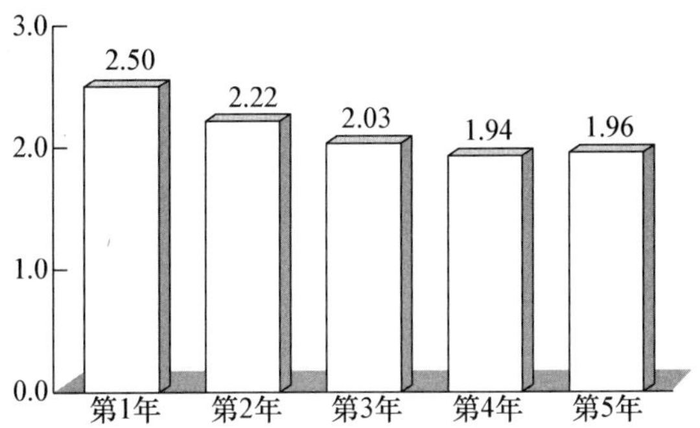

图 8-7　Wingate 公司的固定资产生产率

还有待进一步观察——有可能只是暂时的。

分析不同类别的固定资产各自的生产率，有利于我们深入了解其变化趋势。

运营资本生产率

我们计算运营资本生产率的方法与计算固定资产生产率的方法完全相同（即用销售收入除以运营资本）。近 5 年的运营资本生产率如图 8-8 所示。

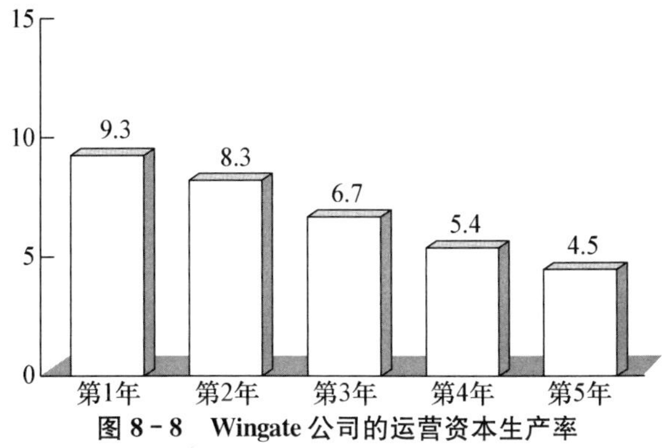

图 8-8　Wingate 公司的运营资本生产率

运营资本生产率从9.3下降到4.5，降幅大约为52%。

太可怕了，难怪已动用资本回报率下降了。

那么，让我们想象一下，汤姆。假设你拥有一家公司的股票，价值为10 000英镑；拥有另一家公司的股票，价值为100英镑。那么，相比第二家公司的股价下降50%（你将损失50英镑），你会更担心前者下降10%（你会损失1 000英镑）。

我想强调的关键是，你需要从整体来考虑事情。运营资本只是Wingate公司已动用资本的一小部分；固定资产才是一个大的整体。每英镑的运营资本能产生4.5英镑的销售收入，但每英镑的固定资产只能获得2英镑的销售收入。

假如能够晚一点偿还债务并且要求债务人尽快支付欠款，运营资本生产率就会提高吗？

是的，但是请记住我说过的利润与现金流的区别。若想得到高的运营资本生产率，你需要为债务人提前偿还欠款提供折扣，并且为推迟偿还债务支付费用。这时毛利润就会减少。

还有一些比较关键的要点。假设你将运营资本减至很低的水平（运营资本生产率就会非常高），如果客户没有尽快支付欠款，那么你会发现你没有现金来支付给供应商。如果你已经很长时间没有偿还欠款，供应商便会失去耐心。假如你在银行没有现金存款或没有透支额度，这确实是个问题。

基于此，这种降低运营资本生产率的方法很是令人担忧。让我们通过观察一些单独的运营资本生产率来看一下究竟发生了什么。

应收账款生产率，应收账款周转天数

计算每英镑应收账款能够产生多少销售收入的方法与计算其他资本比率的方法完全相同。结果如图 8－9 所示。

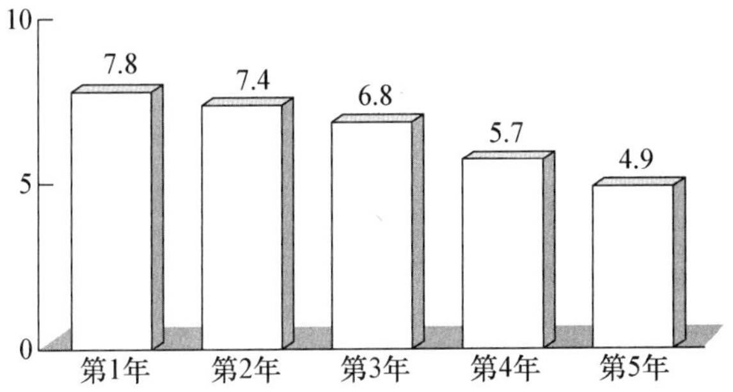

图 8－9　Wingate 公司的应收账款生产率

分析师试图用另外一种方法来观察应收账款生产率。我们知道 Wingate 公司的年销售收入，我假设这些销售收入均匀产生，那么能够计算出日平均销售收入。知道年末客户欠 Wingate 的金额，可以计算出应收账款周转天数。因此，第 5 年：

$$日销售收入=\frac{年销售收入}{天数}=\frac{10\ 427\ 000}{365}=28\ 567(英镑)$$

$$应收账款周转天数=\frac{应收账款}{日销售收入}=\frac{1\ 771\ 000}{28\ 567}=62(天)$$

这表示 Wingate 公司平均需要 62 天才能收到客户的欠款。

1 771 000 英镑这个金额是从哪里来的？Wingate 公司的应收账款在第 5 年的期末余额为 2 125 000 英镑。要记住应收账款金额中包含了增值税，但销售收入中不包含增值税。我们前面已经假设增值税税率为 20%，因此 2 215 000 英镑除以 1.2 就得到了不包含增值税的金额。

在 5 年中，我们可以看到 Wingate 公司允许客户欠款的时间越来越长（见图 8－10）。

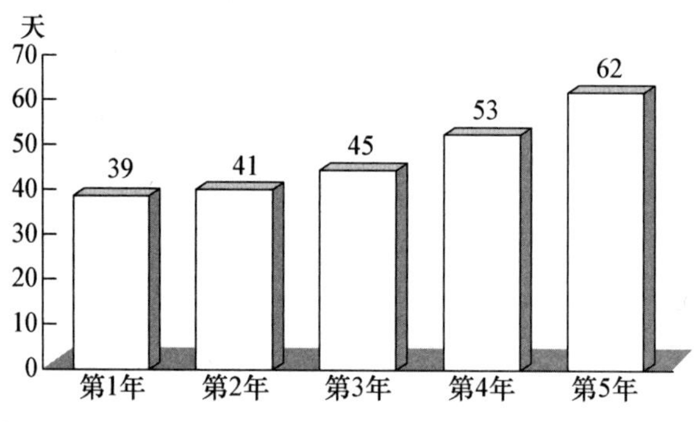

图 8－10　Wingate 公司的应收账款周转天数

应付账款生产率

应付账款生产率（销售收入除以应付账款）在 5 年中逐渐提高（见图 8－11）。

然而，从获得高资本回报率的角度来看，这并不是很好。我们希望应付账款生产率越低越好。该图表示 Wingate 公司向供应商支付货款比过去要快。这样做会获得更优惠的价格，但却可能反映了财务部门并未尽力。

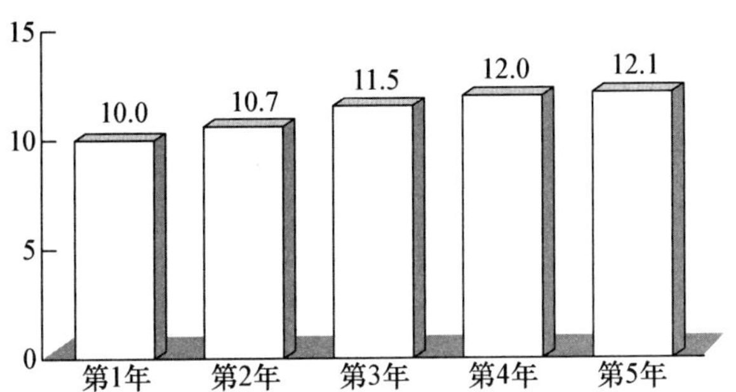

图 8-11　Wingate 公司的应付账款生产率

存货生产率，存货周转天数

让我们通过存货生产率（销售收入/存货）来了解一下在过去的 5 年中 Wingate 公司是如何管理存货的（见图 8-12）。

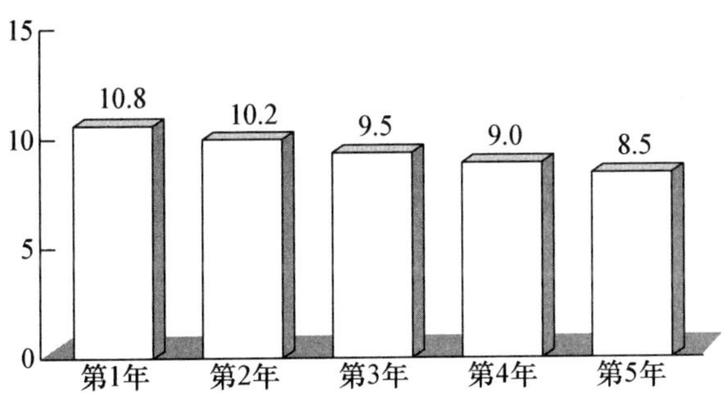

图 8-12　Wingate 公司的存货生产率

每英镑的存货产生的销售收入降低导致使用资本生产率降低。

同处理债务一样，我们可以计算出存货在仓库中的天数。只需用年销售成本除以每年的天数就可以知道每天卖掉多少存货。

$$日销售成本=\frac{年销售成本}{天数}=\frac{8\ 078\ 000}{365}=22\ 100(英镑)$$

$$存货周转天数=\frac{存货}{日销售成本}=\frac{862\,000}{22\,100}=39(天)$$

图 8－13 显示，存货周转天数在过去的 5 年里持续上升。

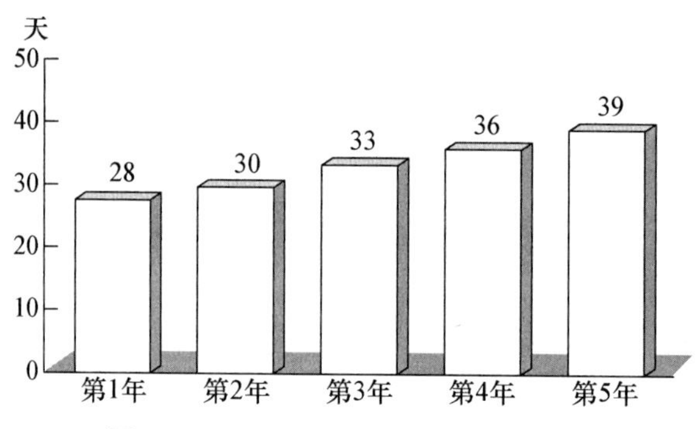

图 8－13　Wingate 公司的存货周转天数

企业经营现金流

总而言之，Wingate 公司并没有管理好运营资本，固定资产产生了巨大的费用。我们通过观察现金流量表可以看到其对企业现金流的影响：

➢ 经营活动产生的现金流，显示了第 5 年现金流入金额为 692 000 英镑；同一时期，企业从生产经营活动中获得利润 919 000 英镑。

➢ 资本费用金额较大，产生了 1 368 000 英镑的现金流出。

因此，企业显示的是净现金流出，金额为 676 000 英镑（629 000－1 368 000）。

图 8－14 显示了过去 5 年企业的经营现金流。白色的立柱显示

的是考虑现金购置新固定资产之前的现金流，灰色的立柱显示的是考虑了现金购置新固定资产后的现金流。

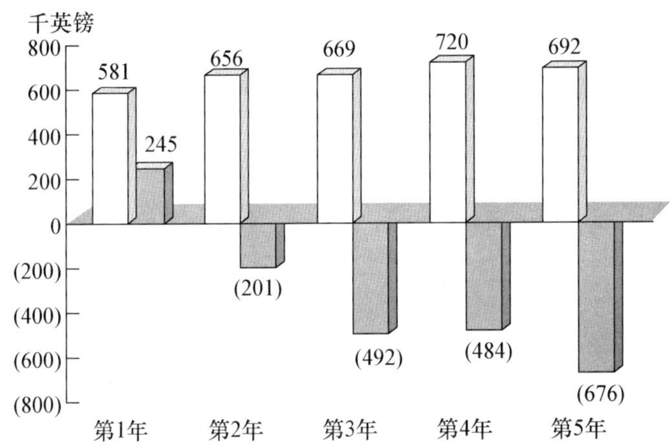

图 8－14 Wingate 公司经营活动产生的现金流

就像你看到的，企业经营所产生的净现金流一直是负值，而且没有要回转的趋势，也没有显示出企业经营实际上会增加企业的现金金额。即使经营活动产生的现金等于资本费用，仍有 600 000 多英镑的利息、分红和税金需要支付。

经营现金转化率

观察企业经营现金流的一种方法是将其与企业营业利润进行对比。因此，我们用第 5 年的经营现金流除以营业利润：

$$经营现金转化率=\frac{-676\ 000}{919\ 000}=-74\%$$

坦白地讲，在 Wingate 公司的案例中，这并没有告诉我们更多信息，只能说明 Wingate 支付的现金要远大于获得的利润。这是因为 Wingate 在新设备上进行了大量的投资等，但（假设）这种情况不会一直持续。最理想的情况是，用只考虑了“维护”资本支出的现金流来计算经营现金转化率，“维护”资本支出即对资产进行必要维护，使其能够产出目前水平的利润所需的资本支出。我们将忽略对未来投资的资本支出。这种分解方式通常不会在公司外部使用。但你会发现，大部分公司不会像 Wingate 一样进行大量投资。因此，计算几年的经营现金转化率能够提供给我们一些信息。我们希望尽可能获得更高的现金转化率，并且希望看到它呈现逐渐上升的趋势而不是下降。

息、税、折旧和摊销前收入（EBITDA）现金转化率

我们来看另一种现金转化率——EBITDA 现金转化率，该现金转化率忽略了资本支出，因此，实际上它只是用来衡量运营资本对现金流的影响的。为了计算该比率，我们需要对上面公式中的分子分母同时进行修改。

首先，我们将折旧加回到营业利润中。这就是 EBITDA，代表息、税、折旧和摊销前收入。你可以将其简称为折旧前营业利润。那么在第 5 年：

EBITDA＝919 000＋495 000＝1 414 000(英镑)

这时的现金流的金额就是经营活动所产生的现金流，即忽略了

资本支出的现金流。因此，第 5 年的 EBITDA 现金转化率为：

$$\text{EBITDA 现金转化率}=\frac{629\ 000}{1\ 414\ 000}=48.9\%$$

这是好还是不好呢？

这当然不是好事情。在相对于利润来考虑现金流时，你需要记住两件事情：

➢ 成长的影响。利润是整个年度所获得的。现金流取决于利润和运营资本在当年的改变。因此，倘若应收账款的年末余额高于年初余额，那么会导致年度现金流降低。应收账款年末余额通常只与最后两三个月的销售收入有关，但处于成长阶段的公司，应收账款的年末余额与全年的销售收入都高度相关。若公司存货下一年依旧呈上升趋势，那么这个理论同样适用，尽管公司未支付给供应商的货款被大量的应付账款所抵销。

那么，在其他情况都不改变的条件下，我们期望成长阶段的公司的 EBITDA 现金转化率低于稳定阶段的公司。

那么，我可以认为稳定阶段的公司的 EBITDA 现金转化率是 100％吗？

可以。假设债务周转天数、存货生产率和应付账款生产率不变，销售额和 EBITDA 保持稳定，那么运营资本年末余额与年初余额相同，因此用这种方式度量出的现金流与 EBITDA 相等。

➢ 行业特征。考察 EBITDA 现金转化率时需要考虑的另外一件事情是公司所处行业的性质。

假设一种极端情况，你经营了一家服务公司，客户需要预先支付，没有存货，且直到收到客户的货款才向供应商支付。在这种情况下，公司的运营资本为负。换句话说，公司的现金并没有被运营资本占用，而是存放在银行。因此，若公司增长，运营资本的年末余额比年初余额的金额更大且为负值，所以现金流量金额要高于营业利润，所以 EBITDA 现金转化率要高于 100%。例如，旅游公司在 1 月份销售的暑假旅游产品。

假设另一种极端情况，你经营了一家公司，客户收到产品或接受服务的很多周后才进行支付，公司需要大量存货，且供应商提供很少或不提供赊销。因此，公司的运营资本很高，公司的运营会导致现金流比利润低很多。这使得公司没有能力进行更有潜力的投资，并且可能在支付银行、供应商，甚至员工工资方面存在困难。

假如你要开一家公司，萨拉，想像一下运营资本的特征。经营一家低运营资本或负运营资本的公司要比经营一家高运营资本的公司容易得多。

当分析一家公司时，最好是观察该公司在一段时间内的现金转化率。图 8－15 显示了 Wingate 公司的 EBITDA 现金转化率。

正如你所看到的，Wingate 公司的 EBITDA 现金转化率持续下降。但实际上销售在增加，转化率下降大部分是应收账款增加导致的，公司应收账款回收不像以前那么快。

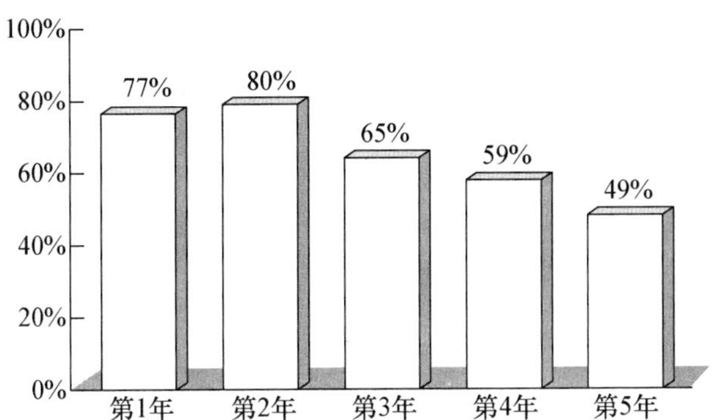

图 8－15 Wingate 公司的 EBITDA 现金转化率

让我们将所有的分析汇总在一起，总结一下 Wingate 公司都发生了什么。

本章小结

➤ 由于更换了新的管理方式，Wingate 的已动用资本回报率（衡量企业经营业绩的关键指标）急剧下降——尽管营业利润增加了，但运营资本也增加得很快。

➤ 销售利润率和资本生产率的降低能够解释已动用资本回报率下降的原因。

➤ 毛利润的持续降低导致销售利润率下降，这可能是管理上实施降价政策所导致的。毛利润的降低在某种程度上被管理费用的减少（可能只是由于投资了新的建筑物）抵销了一些。

➤ 资本生产率下降是因为固定资产和运营资本的增长速度都比

销售的增长速度快。

➢ 导致运营资本的增长不成比例的原因是，公司不能够尽快收回客户所欠的债务，且持有的存货多于需要的数量，并且向供应商付款的速度过快。

第 9 章/*Chapter Nine*

资金结构分析

我们查看了 Wingate 公司的基本业务，发现它的管理并不像想象的那样好。现在我们需要观察资金结构，了解它是如何影响我们对公司的观察的。首先，我要展示如何用简单的比率来总结资金结构，然后将从债权人（即银行）和股东两个不同的视角来考察资金结构的含义。

资金结构比率

重新整理第 7 章中 Wingate 公司的资产负债表，我们发现企业资金是由应付税金、债务和权益组成的（见表 9-1）。

资金总额与且应该与注入企业的资本相同。我们已经知道了如何计算资本回报，现在我们感兴趣的是资金的组成方式，即不同来源的资金的占比。

表9-1 **Wingate公司的资金结构** 单位：千英镑

Wingate公司资金结构 第5年年末		
税		131
净债务		
现金	(12)	
透支	933	
借款	3 150	
融资租赁	601	
净债务		4 672
所有者权益		
应付股利	0	
股本	50	
股本溢价	275	
留存收益	2 522	
所有者权益合计		2 847
净资金		7 650

实际中，与债务和权益相比，应付税金的金额通常很小。Wingate公司的情况也的确如此，可以看到在表9-1中，应付税金是131 000英镑，而债务是4 672 000英镑，权益是2 847 000英镑。由于税的金额非常小，把它纳入分析只会使情况复杂化，因此，我们将其忽略，仅关注债务和权益。

债务总资金比

忽略掉应付税金，企业的总资金即为债务和权益的和。债务总资金比是用债务除以总资金，即债务占总资金的比例：

$$债务总资金比=\frac{债务}{总资金}=\frac{4\ 672\ 000}{(4\ 672\ 000+2\ 847\ 000)}=62.1\%$$

稍后我将解释这个数字的含义，但现在先要告诉大家一个常规的概念：

- 债务总资金比超过 50%就被认为比较高。
- 英国前 100 强公司的平均债务总资金比在 25%左右。

债务权益比

债务总资金比展示了企业拥有多少债务资金，用总资金减去债务还可以得出权益金额。然而，许多人更喜欢用另一种不同的方法来表示资金结构，即用债务除以权益，并用百分数的形式来表示，称作债务权益比或杠杆率，表示债务相对于权益的大小。

$$债务权益比=\frac{债务}{权益}=\frac{4\ 672\ 000}{2\ 847\ 000}=164\%$$

这告诉我们 Wingate 公司的债务是权益的 1.64 倍。我刚刚告诉大家的两个债务总资金比的标准值分别是 25%和 50%，转化为债务权益比分别对应为 33%和 100%。

在这两个比率间，债务权益比更为常用。但就我个人而言，我偏爱债务总资金比，因此，我将用它对 Wingate 公司进行分析。

Wingate 公司 5 年的债务总资金比

在过去的 5 年中，Wingate 公司的债务总资金比显著增加（见

图9-1）。

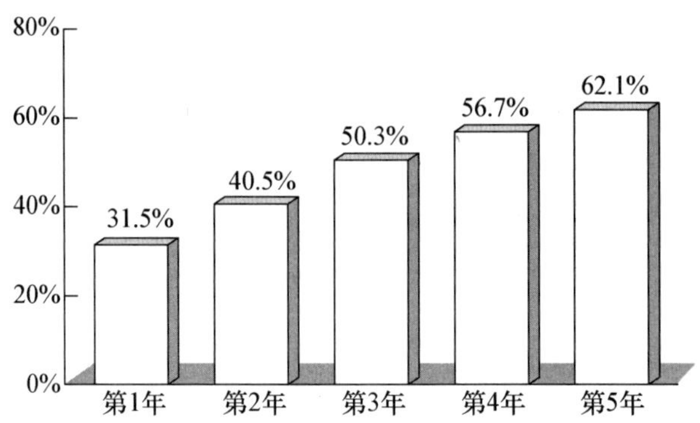

图9-1 Wingate公司的债务总资金比

第1年公司的债务总资金比相当保守；到第5年这个数字已经超过了临界值50%，大家已经开始谨慎地关注Wingate公司。现在让我们来看一看为什么大家都比较关心这个比率，首先我们从债权人（即银行）的视角来考虑。

债权人视角

债务安全

银行借钱给公司相当于进行投资。人们和一些公司将节余的现金放入银行的现金账户、存款账户等。然后银行会将这些钱借给需要钱的个人或公司。银行通过支付较低利率的利息给存款人，且向贷款人收取更高的价格来获取利润。

这听起来像一件容易的事，任何人从银行借钱最终都要偿还。银行只需要对借出去的钱制定报酬率，等到所有费用都支付完，银行的利润就是借款收益的一部分。倘若有人没有偿还贷款，那么这将抵销掉很多从其他贷款中获得的利润。

正因为这样，银行总会寻求一些安全保障，这些保障给予银行能够收回贷款的信心。

就像我在详细介绍 Wingate 公司的报表时提到的，大部分拥有透支或贷款的公司，都会向银行提供一些资产作为抵押。这意味着，若该公司破产，银行有权第一个卖掉该公司的抵押物并拿到现金。

资产的价值总是远大于债务吗?

未必，萨拉。请记住持续经营原则。公司可能会购买一项对世界上任何人来说都没用的资产，因此它没有再转售的价值。但我们却仍然要把它的价值记在公司的账簿中，因为它用于公司的持续经营。

此外，银行仅在公司实际破产时才希望卖掉公司的资产。在这种情况下，即便是对他人有用的资产也很难卖到与其实际价值相等的价格。

一些资产，如应收账款，你可能会获得账面价值的大部分；而另外一些，如专用设备，几乎卖不上价。

当然，实际中，银行工作人员会进行一些详细的调查和分析确保贷款的安全，但债务总资金比能够提供一个快速的概况呈现。

Wingate公司的管理人员可能会告诉银行工作人员通过投资固定资产和迅速扩张销售，公司可以降低单位成本并获取丰厚的利润。如果我是银行的工作人员，在观察到ROCE连续四年下降且债务总资金比上升的情况后，我就会极度怀疑了。我会寻找一些有说服力的证据证明公司现金流以及资本回报率的情况。

利息保障系数

债权人考虑债务安全是有道理的。但是，优秀的银行家不会放款给预期需要变卖资产才能收回钱的公司。他们希望公司能够按照约定支付债务的利息，然后偿还本金。

债权人使用的另一种比较关键的指标是利息保障系数，该指标用营业利润除以应付利息得出：

$$\text{利息保障系数}=\frac{\text{营业利润}}{\text{应付利息}}=\frac{919\,000}{325\,000}=2.8$$

营业利润首先用来支付债务的利息。从字面意思看，这个比率显示了Wingate公司在第5年的营业利润是应付利息的2.8倍。银行家会根据当时的经济形势来考虑这个系数。20世纪80年代中期，银行放贷要求的利息保障系数较低，1.5倍即可；在之后的经济衰退时期，银行要求利息保障系数高于5倍。

杠杆率

现在我们能够明白为什么了解资金结构对于债权人如此重要，也能够理解为什么银行对 Wingate 公司的状况有所担忧。在从股东角度讲解资金结构前，大家需要理解杠杆率的概念和它的含义。杠杆率是债务权益比的另一个名称，杠杆也常用来形容通过举债增加自己的资金进行投资。

我们将通过一个简单的例子来解释杠杆率是如何影响股东财富的。假设你要投资一些邮票，经销商告诉你这些邮票可能在一年内升值 15%。但你也知道存在风险，它们可能只有 5%的升值空间。你决定接受这样的风险。

经销商出售的邮票价值为 500 英镑，但你只有 100 英镑的闲置现金。让我们来看看几种不同的情况。

情况 1：不举债

假设你只决定投资 100 英镑，我们将这 100 英镑称为你的权益资本。

倘若情况良好，这些邮票在年末将会升值到 115 英镑。权益资本所产生的利润是 15 英镑，投资回报率为 15%。

倘若情况并不乐观，利润仅为 5 英镑，投资回报率为 5%。

情况2：小规模举债

假设你从银行借了100英镑，买了200英镑的邮票。这笔借款的利率为10%。那么总投资中包含了100英镑的权益资本和100英镑的债务资本。

倘若情况良好，利润是30英镑。但是，你需要从这部分利润中拿出10英镑支付银行的利息，剩下的20英镑为100英镑的权益资本的收益，即投资回报率为20%。

倘若情况不好，邮票仅增值5%到210英镑，那么总投资所获得的利润仅为10英镑。你仍然需要支付10英镑的利息给银行，你所剩利润为零。

那么，我有可能赔钱吗？

让我们来看一下。

情况3：大规模举债

假设你从银行借了400英镑，加上自己的100英镑，你可以购买全部价值500英镑的邮票。

倘若情况良好，投资可获利75英镑。其中40英镑将用来支付400英镑银行借款的利息，剩余的利润归你所有。你将获利35英镑，投资回报率为35%。

但倘若情况不好，投资只能获得25英镑的利润。遗憾的是，你仍要支付给银行40英镑的利息。因此你会发现，你额外多拿出15英镑。100英镑的投资产生了15英镑的亏损，即投资回报率为－15％。

在20世纪90年代初的经济衰退时期人们投资房产时即发生了这种情况。人们自己的钱不足以购买房子，剩余的房款来自贷款。在80年代中期形势较好的时候，大部分购房都可以采用贷款的形式，因为房价会上涨，人们可以卖掉房子来偿还贷款，并能够得到丰厚的收益。

在经济衰退时期，许多房屋价格下跌，倘若所有者卖掉房屋，他们需偿还的贷款金额将大于从卖房中所获得的收益，即发生了负权益。

风险与回报

让我们来总结一下不同情况下所获得的回报：

	市场形势	
	好	坏
资产增值	15％	5％
投资回报		
情况1：不举债	15％	5％
情况2：小规模举债	20％	0％
情况3：大规模举债	35％	－15％

该表格显示，倘若不举债，回报将与特定资产相匹配。只要引

入债务，回报将变得更加具有传动性。引入的债务越多，在形势好的情况下获得的回报越多，但在形势不好的情况下获得的回报越少。换句话说，要求的回报越高承担的风险越大。

如何定义好情况和坏情况?

非常简单。特定资产回报大于债务利息时，杠杆将会为权益资本带来更高的回报。在我们的例子中，当特定资产的回报率大于10%时，你将会从杠杆效应中获得较高的回报。

那么如何将这些应用到企业中?

将邮票想象成企业，可能盈利，也可能不盈利。购买邮票的钱等同于企业资金结构中的权益资本；银行借款等同于企业资金结构中的债务。

杠杆比率越大，利率的变化造成的影响越大吗?

是的，它的原理与企业经营活动回报率的变化一样。遗憾的是，伴随着利率的提升，企业的业绩常常会降低。因此，你将会遭受双重打击。当然，当利率下降时你将会获利。

股东视角

债务总资金比

正如我们刚刚看到的，杠杆率影响股东风险和潜在的回报率。

因此，股东应该控制公司的债务水平。但实际上，债务水平是由企业管理者决定的。当然，如果股东对公司的管理人员不满意，他们也可以解雇管理人员。

Wingate公司的债务总资金比从31.5%上升到62.1%，股东的风险水平大幅上升。

权益回报率

那么，Wingate的股东所承担的风险要高于5年前的水平。他们所获得的回报率如何?

通过对企业进行分析我们了解到，企业的资本回报率下降至12%，但这是总资本回报率。股东最后从投资中获得的回报即为权益回报率（ROE)。我们在之前的邮票例子中计算过这个指标。

我们也可以计算Wingate公司的ROE。从表9-1中可以得知Wingate公司的权益是多少。那么，回报即为支付贷款利息后的利润，即税前利润。

$$\text{权益回报率}=\frac{\text{税前利润}}{\text{权益资本}}=\frac{594\ 000}{2\ 847\ 000}=20.9\%$$

因此，就像你计算投资回报率时一样，使用的是权益资本的期末额?

是的。与计算投资回报率一样，你也可以使用期初权益，但要确保前后的一致性。

为什么你采用的是税前利润？股东的实际利润显然是年利润，即税后利润。

可以说，到目前为止我们计算的都是税前回报率。例如，我们说存款账户年收益是5%指的是税前收益，计算企业的已动用资本回报率时也没有考虑税费。因为接下来我们要比较已动用资本回报率和权益回报率。显然，计算两者必须使用相同的标准。

我承认，你们常会看到使用税后利润或年利润计算权益回报率。这样的做法有一个好处，它考虑了企业控制税负的能力，一些企业通过管理，支付比其他企业少的税金。但总体上讲，我认为用税前利润更有益。

让我们来看过去5年Wingate公司ROE的变化（如图9－2所示）。

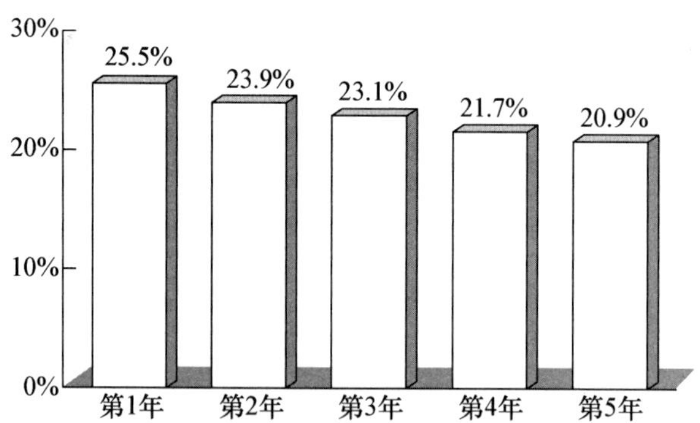

图9－2 Wingate公司的权益回报率

图中有两点需要注意：

➢ ROE 一直高于 ROCE。这是因为 Wingate 公司的投资回报率大于支付的利率。换言之，杠杆提高了股东的回报率。

➢ ROE 逐年下降，但并没有 ROCE 下降的速度快。很简单，这是因为公司迅速提高了杠杆率，ROCE 的降低被杠杆带来的积极影响所抵销。

当然，这种趋势不能一直持续下去，最终，投资回报率将低于银行利率，公司将面临严峻的问题。

平均利率

上市公司必须披露年平均利率，私人公司不需要披露，但你可以根据当时的基本利率加上几个百分点来推测私人公司的年平均利率。

你也可以用报表中的本年度利息支付额除以平均负债得到一个粗略估计值。这个估计值需要谨慎看待，因为在一年中公司的透支额会随企业周期大幅度变动，通常你并不知道贷款何时下降或偿还。因此，用这种方法估算得到的结果取决于结账日。

由于 Wingate 是一家食品公司，因此周期性不强。不管怎样，让我们计算一下 Wingate 的平均利率。Wingate 的净负债的期初余额为 3 357 000 英镑，期末余额为 4 672 000 英镑，因此，平均负债为 4 015 000 英镑。

$$平均利率=\frac{利息}{平均负债}=\frac{325\ 000}{4\ 015\ 000}=8.1\%$$

观察 Wingate 这 5 年的平均利率（见图 9-3），你可以看到为什么尽管 Wingate 的债务大量增加，它的税前利润仍持续上升：很简单，利率的变化对 Wingate 是有利的。

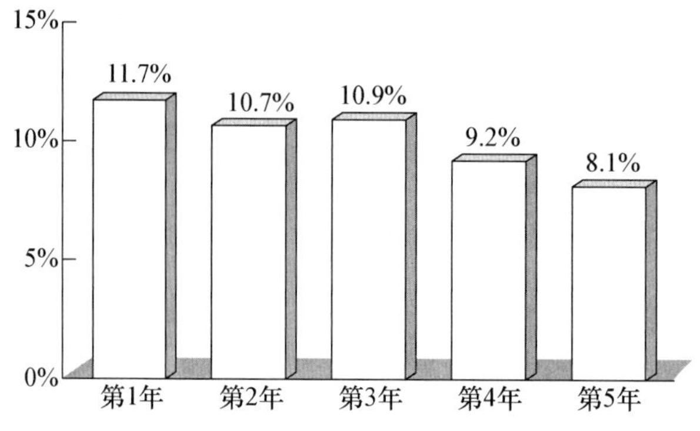

图 9-3 Wingate 的平均利率

让我们来看一下平均利率仍为 11.7%的情况下，Wingate 在当年的税前利润会是多少。第 5 年 Wingate 需要额外多付约 145 000 英镑(4 015 000×(11.7−8.1)%）的额外利息。税前利润会从 594 000 英镑减少到 449 000 英镑，低于 Wingate 这 5 年中任意一年的税前利润。

利润股息比率，股息支付率

尽管 ROE 度量了过去股东的投资回报，但股东并没有真正以现金形式将这些回报从公司拿走。要记住利润不等于现金流。公司可能仍想要从债权人处筹资，并在下一年发行更多股票，等等。但利润会以红利的方式分发给股东。

一些股东将股利作为一种重要的收入来源，他们自然十分关注股利的安全。一种衡量指标是利润股息比，它的计算方法是用年利润除以股利。进行计算时，一定要记住我在之前章节中所讲的，在报表中被确认的股利一定是已经支付的（或者至少被股东批准的），我们的确对指定会计年度的股利与当年的利润比很感兴趣。

对不起，我们可能没理解你的意思。

好的，请看 Wingate 的损益表。Wingate 第 5 年的股利为 184 000 英镑。但这是董事会为第 4 年提出的。它在第 5 年显示是因为直到第 5 年它才被认可并且开始派发。第 5 年所提出的股利在附注 7 中显示，金额为 215 000 英镑。这才是我们想要拿来与第 5 年年利润进行对比的数值。因此，我们得到：

$$利润股息比=\frac{年利润}{年股利}=\frac{463\,000}{215\,000}=2.2$$

有时候你们会发现人们会使用一种叫股息支付率的衡量方法，它是利润股息比倒数的百分比形式，它表示支付的股利占利润的百分比。

$$股息支付率=\frac{股利}{年利润}=\frac{215\,000}{463\,000}=46\%$$

现在，让我们来看一下 Wingate 过去 5 年的利润股息比（见图 9-4）。

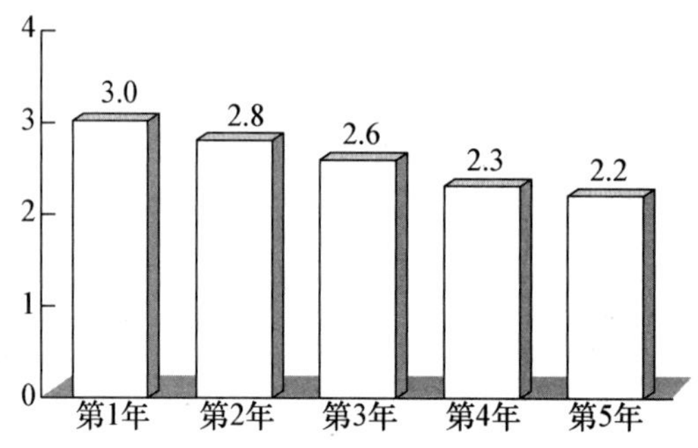

图9-4 Wingate的利润股息比

可以看到，Wingate的利润股息比明显下降。这也说明了股东们高兴的原因。虽然属于股东的利润并没有增长得十分迅速，但股利增长迅速。然而，这种情况并不能长期持续。

偿债能力

之前你很简单地概括了企业财务目标，萨拉。你是这样说的：

> 一个企业的财务目标是在确保企业保持一定偿债能力的前提下，通过短期和长期视角的权衡使投资回报最大化。

我们已经分析了Wingate公司的投资回报率（ROCE）和权益回报率（ROE）。

到目前为止我们还没有关注偿债能力。要记住，偿债能力是公司在债务到期日偿还债务的能力。分析企业的偿债能力比较困难，没有单一的关键指标可以直接反映出大量信息。

有两种常用于衡量偿债能力的指标，但它们绝不是完美的，接下来，我将会详细地介绍。

流动比率

流动比率是用流动资产除以流动负债。这背后的原理是，流动资产将在一年内转化成现金，流动负债需要在一年内偿还。当流动资产大于流动负债时，偿还债务不存在问题。

我们能够很容易地计算出 Wingate 的流动比率：

$$流动比率=\frac{流动资产}{流动负债}=\frac{3\ 482\ 000}{2\ 906\ 000}=1.2$$

换句话说，Wingate 的流动资产是流动负债的 1.2 倍。通常分析师认为这个比率大于 2 时是相对安全的。

用流动比率衡量偿债能力存在什么问题?

主要的问题是，偿债能力危机趋向于在短于一年的时间内爆发。假如你需要在本周末支付账单来继续交易，而你的客户在两个月之内才能支付欠款，这对你来说就是一件坏事。流动比率反映出的安全性取决于企业的行业属性。

在观察企业的流动比率时要小心企业用一些伎俩将短期负债重新定义为长期负债来提高流动比率。将银行透支改成银行贷款就是一种简单的方法。

速动比率

速动比率与流动比率非常相似。它将股票排除在流动资产之外，因为股票很难被卖掉，除此之外的所有资产（大部分借款和现金）都被认为是“速动”的。

那么，如何评估偿债能力呢？

最理想的是，每周或每月都准确地预测将要支付的账单及时间，以及当时哪些客户需要支付给你欠款，等等。

当然，这些事对于企业外部的人来说是不可能知道的，如果你仅看公司的年报，我建议你观察一下现金流量表。

现金流量表

我们已经介绍过现金流量表能够提供哪些关于企业现金流的信息，高资本支出并不是一件鼓舞人心的事情。

资本支出是一项自主费用，你可以终止这项费用的支出。但税金支付和债务偿还是不能终止的，即必须到期支付利息、偿还债务。那么，让我们看一下第5年的状况，请忽略资本支出（见表9-2）。

表9-2　第5年的现金流（不含资本支出） 单位：千英镑

经营活动现金流	692	
已付税金	(130)	
融资租赁和利息	(234)	
可用于偿付债务的现金流		328
银行利息	(243)	
偿还银行借款	(350)	
债务		(593)
偿付债务之后的现金流/(赤字)		(265)

假设融资租赁的借方是一家公司而不是银行，这种情况很常见。

那么我们忽略资本支出，第 5 年有 328 000 英镑的现金可以用来偿还债务，但需偿还的债务额远大于这个数字。从附注 11 中可以看到，下一年需要偿还的债务为 525 000 英镑，因此，目前银行可能会非常担心贷款偿还的问题。

我注意到你在表中忽略了股利，克里斯。

是的，因为这完全是一项自主费用。如果有必要，公司能随时终止股利的发放。

我的主要观点是，现金流量表能够反映企业的概况，它是值得研究的。

本章小结

➢ Wingate 公司的杠杆率（债务权益比和债务总资金比）迅速上升，目前已高于平均水平。

➢ 这意味着债权人的安全性下降了，他们不会再追加投资。

➢ 杠杆率的提升也影响了股东的地位：

——回报率（ROE）没有不存在杠杆时下降得快。

——实际上他们的风险增加了。

➢ 若利率没有下降，Wingate 公司第 5 年的税前利润会低于前四年。

➢ 股利大幅度提升，是因为公司的支付率持续升高。

第 10 章/*Chapter Ten*

企业估值

到目前为止，我们已经讨论了如何建立、解释和分析公司的报表。假如汤姆正在考虑购入某公司的股票，他会对该股票的价值（也称为公司价值）特别感兴趣。

本章首先将解释股票账面价值与市场价值的区别，之后将简单介绍在企业价值评估时常用的 4 个比率。

账面价值与市场价值

账面价值

账面价值是指某项目在资产负债表上的价值（即账簿上的价值）。我们知道，公司股票的账面价值就是其所有者权益的价值，其中，所有者权益＝资产－负债。在第 5 年年末，Wingate 的所有者权益（股票的账面价值）为 2 847 000 英镑。如果你仅持有该公司少量的股份，这个数字并不能为你提供很好的信息，你可以使用每股价值的口径。已知 Wingate 发行在外的股票数为 100 万股，其中每一股股票对净资产都有同样的权利，那么每股账面价值的计算如下：

$$每股账面价值=\frac{全部股票的账面价值}{发行在外的股票数量}=\frac{2\ 847\ 000}{1\ 000\ 000}$$

$$=2.85(英镑/股)$$

市场价值

资产负债表反映了会计视角下的股票价值。然而在市场经济中，资产的价值不是指账面价值，而是指市场价值。个别公司的市场价值可能会低于其账面价值，但大多数高于其账面价值。那么，为什么人们愿意支付高于资产账面价值的价格呢？可能有如下两个原因。

1. 公司某资产的市场价值远远高于其账面价值。最常见的例子如土地和建筑物。如果已知公司的资产的价值远远高于其账面价值，那么你会愿意支付高于账面价值的金额，因为卖掉这些资产能够赚取可观的利润。

2. 通常人们投资于一个公司是因为相信能从中获得较好的投资收益，而不是为了将其拍卖。如果他们支付了高于股票账面价值的价格依然获利不菲，那么此项投资是明智之举。

以 Wingate 公司第 1 年的情况为例。该公司在适度财务杠杆的条件下获得了不错的资本收益，为股东提供了较高的回报。股东的回报可以用权益回报率来度量，如下所示。

税前利润	455 000 英镑
股东权益	1 782 000 英镑
权益回报率	25.5%

关注该公司的投资者可能会认为这是一家具有较高市场地位的经营良好的公司，他们会想："我本打算接受低于25.5%的收益率，比如22%。"

$$22\%=\frac{\text{税前利润}}{\text{股东权益}}=455\ 000\ \text{英镑}/?$$

于是

$$\text{股东权益}=\frac{455\ 000}{22\%}=2\ 068\ 000\ \text{英镑(即 2.07 英镑/股)}$$

因此，投资者将愿意支付每股高达2.07英镑/股的价格。此时Wingate公司每股账面价值仅为1.78英镑（1 782 000/1 000 000）。

自然地，不同的投资者和分析师对于公司的预期收益水平有着不同的认识，从而对于公司的估值也不同。但是应注意到，通过报表计算的收益是过去实现的收益。当我们对一个公司进行估值时，我们是在预测公司的未来，这一点导致不同的人对于公司的估值存在较大差异。

估值技术

尽管许多技术可用于公司估值，然而遗憾的是，由于公司的价值取决于未来事件，这些估值技术都是不完美的。在这些估值技术中，既有只需计算单一 KPI 的简单技术，也有需要在未来 10 年内对风险进行量化分析和预测公司绩效的极为复杂的技术。

我个人的经验是——复杂的技术与简单的技术一样糟糕。似乎大多数人都有同样的体验，因为简单的技术是目前最常用的。在本书中，我将仅阐述简单的估值技术。如果你有兴趣，关于复杂估值技术有很多书籍可供参阅。

市盈率

我们假想的投资者用以决定以高于账面价值的价格购买 Wingate 公司股票的方法，似乎是公司估值的一个相当合理的方法。在对公司的管理水平、竞争能力、市场状况、资金结构等做出评估后，你预计可以从这家公司获得至少 $X\%$的收益率。购买股票支付的价款越高，预期的收益率越低，因此当股价高于某一临界值，以致预期收益率低于 $X\%$时，你将不会购买这家公司的股票。

这种方法是大多数分析师和投资者广为使用的，只是在使用的时候将分子与分母颠倒处理。他们不是用利润除以股票的价值，而是用股票的价值除以利润。他们也会使用不同的利润数字。比如不使用税前利润，而使用当年利润，由此得出的结果即为市盈率。

假设 Wingate 公司股票的市场价值为每股 5 英镑（即 500 便士）。则以当年利润为依据计算的市盈率为：

$$市盈率=\frac{每股市价}{每股盈余}=\frac{500}{46.3}=10.8$$

这个比率反映了什么？又应该如何解释呢？

从字面上讲，这个比率测量了公司须经历多少年才能赚取一定利润使投资者收回投资。也就是说，10.8 年之后，Wingate 公司每股股票能够赚得 500 便士。

在实践中，投资者并不这样理解这个比率，他们通常会在不同的投资机会之间进行比较。于是，他们会比较所有公司的市盈率，并做出相对评价。相对于利润不再增长或高风险的公司，那些在未来利润能够增长、具有良好发展前景或者低风险的公司往往市盈率较高。

以下是关于市盈率的一些非常粗略的标准。

1. 面临破产危机的公司，其市盈率小于 5。
2. 业绩不佳的公司，其市盈率在 5～10 之间。
3. 业绩良好的公司，其市盈率在 10～15 之间。
4. 发展前景极好的公司，其市盈率大于 15。

需要强调的是，在不同的行业和经济条件下，这些标准有很大的差异，所以不要依靠它们做出重要决策。

当企业价值明显取决于未来的事项时，使用基于历史利润数字得到的比率对公司进行估值似乎有些不合理。

尽管如此，事实上人们通常按照他们能够获得的关于预期公司未来业绩的信息来解释市盈率。

使用下一年度盈利的预测值来计算市盈率也是很常见的，该指标称为预期市盈率或未来市盈率，基于历史利润数据得到的市盈率通常称为历史市盈率，即通过名称表明使用的是哪一年的利润数据。

市盈增长比率

由于市盈率至少在某种程度上反映了公司的增长前景，因此将这两方面联系起来是有意义的，市盈增长比率由此得来。市盈增长比率等于公司的市盈率除以每股收益增长率。即

$$\text{市盈增长比率}=\frac{\text{市盈率}}{\text{每股收益增长率}}$$

如果市盈增长比率较低，表明这家公司的市盈率相对于其增长率偏低，意味着该公司的股票有可能被低估。

同市盈率一样，计算市盈增长比率也可使用每股收益的预期增长率或来源于最近年报的历史增长率。

何谓低市盈增长比率？

虽然没有硬性规定，大多数投资者将市盈增长比率广泛用于投资决策是为了寻找该指标明显低于 1 的公司，市盈增长比率低于 0.7 或 0.8 更好。

股利收益率

如果你将钱存在银行账户中，银行要向你支付利息。你可以决

定将这些利息留存于账户，明年用这些利息继续赚利息，也可以选择将这些利息取出来。

公司通常不会将当年全部的利润分配给股东。处于快速扩张阶段的公司需要大量的现金以支持其扩张，往往不会大量分配利润，股利支付率较低。其他公司如电话公司、供水公司、燃气公司和电力公司等公用事业公司一般成长速度较慢，因此利润分配的比例较高。

通常可使用股利收益率对这一类公司进行估值。股利收益率是用当年的股利除以股票的市值计算得出的。英国大型公司的平均股利收益率大约是3%，像公用事业公司这种成长性较低的公司，股利收益率通常为5%～6%。

市账率

此外，还有一种简单的指标可用于公司估值。

上文解释了为什么股票的市场价值通常高于账面价值，由此得到一种简单的估值技术，即将市场价值与账面价值进行比较。

市账率等于股票的市场价值除以账面价值。假设某投资者准备以每股500便士的价格购买Wingate公司的股票，已知账面价值是285便士，那么

$$\text{市账率}=\frac{\text{每股市价}}{\text{每股账面价值}}=\frac{500}{285}=1.75$$

我们可以将这个比率与其他公司的市账率比较，以确定其合理

与否。如果该指标数值偏低，那么这只股票的市场价值预期会上升，因而我们可以做出购买这只股票的决策；如果这个比率太高，我们可以将其看做可以出售股票的信号。

这个方法的问题在于，该指标在不同行业之间甚至同一行业内部存在很大的差别，因而对投资者进行比较分析造成了困难。不过，当公司的业务是做资产投资而不是资产经营，这个比率对于公司股价是有用的。涉及此类业务的公司包括资产投资公司和投资信托公司，其中投资信托公司的投资对象是其他公司的股票。

本章小结

- 通过公司的财务报表可以得知股票的账面价值。
- 股票的市场价值通常不同于账面价值。
- 公司估值有很多方法，既有简单的方法，也有极为复杂的方法。
- 最常用的指标是市盈率和股利收益率。
- 市盈率可基于历史利润或预期未来的利润计算得出。
- 市盈增长比率将市盈率与公司利润的增长率联系在一起。
- 股利收益率是一个重要的估值指标，尤其是对于较为成熟的公司。
- 市账率对于公司估值是有用的，尤其是对于投资信托类的公司。

第三部分

上市公司报表

第 11 章/*Chapter Eleven*

上市公司报表分析

概　述

让我们回顾一下 Wingate 公司的报表，我们已经介绍了小型私有公司报表当中的大部分项目。如果你阅读大型公司的年报，尤其是上市公司的年报，你将会发现以下 4 点：

1. 上市公司的年报篇幅很长。Wingate 公司的财报仅有三个报告、相关报表以及附注，而一家上市公司会有多达 20 份不同种类的报告、报表和相关附注。如前所述，分析的大致方法与 Wingate 公司相同——全部报告可分为如下 3 个类型。

➢ 战略报告。对于 Wingate 公司，只有一个单一的战略报告；但是上市公司会分别针对业务、市场、战略、雇员、风险、财务、公司责任等出具多份报告。

➢ 治理报告。治理报告包括董事会报告、审计报告以及董事薪酬和公司治理事务方面的报告。

➢ 财务报告。财务报告包括会计报表和相关附注（仅附注就可长达上百页）。

2. 有些报表通常称为合并报表，有合并报表的公司拥有至少一家下属公司（这些下属公司也可能有其自己的下属公司），下属公司可以是收购的，也可以是为了开展新业务而新建的。下属公司数目过多造成了投资者很难在整个公司的家族树中查看单个公司的报表，因此处于家族树顶端的公司（母公司）必须设置集团报表或合并报表，此类报表其本质是将整个集团视作一个公司，反映集团财务状况。

3. 在上市公司中，会发生 Wingate 公司不曾遇到的各种交易。

4. 处理某些交易的会计方法相当复杂。

以上几点使得上市公司的年报让人望而生畏。不过，完全不必被吓住，因为所有关于战略和治理的文件通常都会使用通俗易懂的语言书写。本章会介绍大部分常用术语。当你接触到财务事宜（即报表本身）时，你会需要一点帮助。在后面的两节中，我的目标是将你带入正题，帮你了解如何阅读一家典型的上市公司的报表，思考这家公司正在发生什么业务，而不是这份材料用了哪些词语。

值得庆幸的是，现在比过去有更多的会计解释。只要你理解它们所使用的一些语言，你就会了解它们的含义。

本章分两节介绍上市公司报表。第一节先对上市公司报表做一个概述，接着详述工作中会用到的重要概念。第二节就上市公司很可能发生的新业务或事项列出一个清单。

主要报表

如前所述，资产负债表是反映公司财务状况的决定性报表，损益表和现金流量表虽然也很重要，但仅称为描述性报表。这三张报表称为主要报表，这意味着需要将其与附注区分，并在处理上给予同等的重视。此外，还有两张 Wingate 公司不曾出现的主要报表。

我虚构了一家名为 Listco 的公司，并编制了这家公司的 5 张主要报表，本书附录 2 给出了这 5 张主要报表。

损益表

Listco 公司的损益表看起来并不陌生，但是有以下几点需要注意：

- 该报表可以称为利润表、损益表或综合收益表（下文将简单解释）。
- 该报表是一张合并损益表。如前所述，这表明它反映的是至少由两家公司构成的集团的损益情况。
- 已在侧边添加行号以便更容易地对所讲到的行进行定位。在实际中不会有这些行号。
- 日常经营所获得的损益与非日常经营所获得的损益分开列示。

后者源自公司出售其部分重要业务的活动。这种方式有助于读者了解日常经营业务的业绩。有时每年会有三栏损益数字，第一栏是日常经营损益，第二栏是非日常经营损益，第三栏是合计。Listco公司的损益表中，非日常经营损益单独作为一行（第15行），报表附注中提供了更多关于非日常经营损益的详细信息。

➢ 损益表分行列示调整后损益、整体损益、基本损益或类似的项目。这是因为，公司认为按照会计准则列报的损益不能恰当地反映公司的真实业绩。由于认为列示调整后损益是合适的，因此公司会做出数字调整，并在附注中对所做调整进行说明。此外，有时损益表设计三栏，分别列示调整后损益、调整事项以及合计数。以Listco公司为例，该公司并没有在损益表中列示调整后损益，而是在做出事项调整之后得出调整后每股收益，将其列示在第33行。

➢ 下一节将解释如下事项：

——归属于联营企业的利润（损益表第11行）。

——母公司与少数股东权益之间的利润分配（第19～20行）。

——各种形式的每股收益数字。

➢ 最后请注意，正如讨论Wingate公司时提到的，利润表中不反映股利情况。

资产负债表

除了以财务状况表而不是资产负债表命名，以及把固定资产称为非流动资产外，Listco公司的资产负债表的表头并无特别之处。

当然，有些行的项目你可能还不理解，下文将予以解释。

真正的不同之处在于所有者权益部分，Wingate 公司的所有者权益分为三个项目。

➢ 股本和股本溢价，其代表的是为使公司持续经营，股东投入的资本。

➢ 留存收益，指公司自开始经营已赚得但尚未以股利形式向股东分配的全部利润。

在 Listco 公司，权益分为两个子类目。

➢ 所有者权益；

➢ 少数股东权益。

现在暂且不考虑少数股东权益，后面再做阐述。

Listco 公司的所有者权益可分为 9 个项目（而 Wingate 公司的所有者权益分为 3 个项目）、两大类别。

➢ 第一类与股份相关。该类别下的每个项目都与股东投入到公司的资金相关。

➢ 第二类与利润相关。该类别下的每个项目都与公司创造的利润相关。

请注意在公司实际的报表中，你不会看到对这两大类别的区分。设计类别是为了有助于下文的阐述。

现金流量表

Listco 公司的现金流量表与 Wingate 公司类似，都是以利润为起点，之后对现金的增减变动做出解释。

Wingate公司的现金流量表科目有5类，而Listco公司的现金流量表仅有3类。这样分类的理由是以公司活动类型为基础：

- 经营活动；
- 投资活动；
- 筹资活动。

如何分类并不重要，你完全可以按照你的意愿重新安排。有时，经营活动类别中的详细信息并未在真正的现金流量表中反映，而是在附注中反映。

所有者权益、留存收益和损益

以上是我们见过的三张主要报表。在学习另外两张新报表之前，我们需要回顾几个从第一章开始就一直强调的概念。

- 资产负债表列示了公司的全部资产以及对于这些资产的要求权。
- 这些要求权包括债权人的要求权（即公司的负债）和股东的要求权（偿付负债之后的剩余要求权）。于是得到

资产＝负债＋所有者权益

或

资产－负债＝所有者权益

- 所有者权益包括股东对公司的投入（即股本＋股本溢价）和

公司已赚得但是尚未作为股利向股东支付的累计利润（即留存收益）。

➢ 年度留存收益的变化反映在损益表中。

上市公司的财务报表与上述简单而美好的情形相比，存在两个关键性差异。

➢ 首先，可以看到在 Listco 公司的财务状况表中，所有者权益还有其他的组成项目。

——前五个项目全部与公司的股份相关，包括股本和股本溢价。此外，还有一些交易有效地增加或减少了公司的价值或发行在外的股票数，这些交易作为调整项单独列示，便于报表使用者了解公司发生了什么。

——后四个项目全部与公司获得盈利或发生亏损从而导致股东财富增减变动的交易相关，包括留存收益。此类交易通常记录在留存收益项目，而一些公司为了保证会计信息的明晰性，对于特定类型的交易单设项目。

➢ 其次，影响所有者权益项目的交易可分为如下三类。

——在相关年度内，影响公司“真正”利润（亏损）的交易。

——在相关年度内，与公司的利得（损失）相关的交易。这些利得（损失）并不是公司“真正”的利润（亏损），更准确地说，它是一种账面盈利，未来可能会发生逆转。

——事实上与所有者进行的交易（即与部分或全部现有股东的交易或与新股东的交易）。因而，这种交易与利润（或亏损）无关，而是关于股东对公司的投入以及归属于股东的价值在股东之间的分配方式。

在对交易进行分类后，将按照以下原则对其进行处理。

——第一类交易会引起留存收益项目的增减变动，应计入损益表。

——第二类交易可能会影响留存收益项目或其他的利润项目（如重估价准备或者外币报表折算差额）。且不论这类交易到底计入资产负债表的哪个项目，但是其不应计入损益表，而应该被归类为其他综合收益（可以将其看作股东实现的，但不应计入损益表中的利得或损失）。

——第三类交易与公司实现的影响股东财富的利得或损失无关，因此被计入所有者权益项目，而不是损益表或归为其他综合收益。

第一类交易较好理解，那么哪些交易属于另外两类呢？

例如，当外购建筑物时，应按照实际支付的价款计入资产负债表（如Wingate公司）。然而若干年后，该建筑物的价值很可能大大超过购入时支付的价款，因为土地和建筑物往往会升值，所以公司应重新评估建筑物的价值，反映其公允价值。这对股东是有好处的，因为价值的增加必定会增加他们的财富，至少是账面上的财富。但这并不是实际经营的真实盈利能力，也不是“已实现”的收益，在建筑物出售之前它仅仅只是一种账面收益。由于该收益不是当年真正的利润，因此将其计入第二类。

关于第三类，我们已阐述过此类交易的例子：

➢ 向投资者发行股票，以获取资金。

➢ 向股东支付股利。

第三类交易的另外一个例子是公司向其股东回购股票。该交易与公司获利与否无关，但由于股东要从公司拿钱因而实际上更像是一种股利，与此同时，他们对于公司资产的要求权也会减少。

当你分别举例时，我基本能理解，但是我不确定其混杂在一起时我是否还清楚。

不必担心。我们相信通过分析一些例子可以弄清楚这些问题。首先，我们需要认真分析两张新报表。

所有者权益变动表

请首先查看所有者权益变动表，表中有很多数字，其中的大部分数字目前无须担心，我们需要关注以下几点：

➢ 顶部的类目与资产负债表的权益下类目相同，这是因为所有者权益变动表的每一列都在解释权益下各个项目在年度间的变化情况，这种结构可以提供有用的信息。

➢ 如果观察所有者权益变动表中位于左侧的行类目，可以发现：

——第 1 行为各权益项目在第 4 年的期末余额（同时也是第 5 年的期初余额）。

——第 2 行～第 25 行反映了导致年度内各权益项目发生变化的

交易。这些交易可以按之前提到的方式分为以下 3 种类型：

A. 影响当期利润的（即利润表的数字）（第 5 行）；

B. 影响其他综合收益的（第 6 行～第 12 行）；

C. 与所有者的交易（第 14 行～第 23 行）。

——第 27 行反映各权益项目在第 5 年的期末余额。

➢ 从右边看的第 4 列称为留存收益。在此之前，你会认为该项目在年度内的变化正好是损益表所列示的留存收益。然而事实上，仔细观察此列会发现：

——损益表中当年的利润在此列中反映（第 5 行）。

——然而，此列中其他记录与 B 类和 C 类交易有关。

➢ 下面查看重估价准备这一列（留存收益的左侧）。可以看到该列数字由 3 400 000 英镑增至 11 400 000 英镑，增值额共计 8 000 000 英镑。该会计分录反映出如下两点：

——重估价准备理论上会增加股东财富，因而必须在资产负债表上反映为所有者权益的增加。

——重估价准备不一定计入损益表，因为反映的不是公司真正的基本业务，于是被归入其他综合收益。

现在没有必要查看每一列，只需记住以下几点：

➢ 要了解发生了什么，我们需要关注资产负债表。这一点总是正确的，不要被其他人的意见左右。

➢ 如果损益表能够解释既定年度留存收益的全部变化就好了，这种想法既简单又美好。但事实不是这样。不过这并不重要，因为所有者权益变动表与损益表的配合为我们完全地解决了这一问题。

➢ 要是所有者权益下仅有 3 个项目也是简单而美好的想法。如果有更多的项目也没有关系，因为我们可以获得关于各项目变化方式和原因的解释信息。

➢ 附注中用大量篇幅提供了相关的详细信息。

综合收益表

综合收益表暂且不考虑特定交易的细节，因而是非常简单的。

➢ 第 1 行是当年利润，与损益表第 16 行数字相同。

➢ 第 2 行～第 18 行是其他综合收益类下各种其他利得和损失项目。

➢ 第 19 行是当年综合收益总计（显然是当年利润与其他综合收益之和）。

暂且不用考虑表格底部区域“归属于……”的内容，该内容将在稍后讨论集团报表时予以解释。

那么，怎样理解其中的二级类目呢？

同样地，当讨论到具体项目时再做解释。最后需要提及的是，损益表和综合收益表有时会合并为一张报表，其理由如下：

➢ 公司的选择；

➢ 无其他综合收益。

专业术语

我们发现，在会计领域对于同一事物会存在多个术语。令人更为困惑的是，对于一些术语，不同的人会有不同的理解。在前两节中，我通过使用我认为最恰当的术语引入正题。在谈论 Wingate 公司的案例时，我尽量坚持使用同样的术语。

当阅读上市公司报表时，你会遇到许多替代术语（如下所示）。如你所见，这些术语大多数比较直观，因此你一般不会感到迷惑不解。

我使用的术语	替代术语
资产负债表	财务状况表
损益表	利润表
营业额	收入
固定资产	非流动资产
有形固定资产	不动产、厂场和设备
存货	库存
所有者权益	资本和储备金，权益，股东资金

术语

当下上市公司的报表中包括很多对各种项目及其核算方法的解释。这些解释通常使用一定的术语，如果熟悉这些术语，理解它们不成问题，不熟悉的话则令人困惑。下面讲解的术语经常出现，理解它们非常重要。

我们已经讨论过影响所有者权益的一个或多个项目的交易是如何列报的，即分为以下 3 种情况：

➢ 列入损益表；

➢ 列入其他综合收益；

➢ 不列入报表。

很多术语描述了交易所属的类别。

➢"过到损益""确认为损益""计入当期损益"指的是影响资产负债表中留存收益、应计入当期利润的交易。

➢"过到其他综合收益""计入其他综合收益"指的是影响留存收益（或资产负债表的其他利润项目），但是并不计入损益表，而是计入"其他综合收益"的交易。

➢"直接计入公积金"或"直接计入权益"指的是在某方面影响所有者权益，但是并不影响利润或其他综合收益的交易。

我不想让你认为当期损益和其他综合收益在某种程度上是独立于资产负债表的。它们依然是描述性报表，首先应关注的是各种交易是以何种方式影响资产负债表的，这正是描述性报表的作用。为了继续强调这一点，当描述所发生交易的会计核算时，我将继续提及两个发生变化的资产负债表项目。但是如果某交易被计入损益表、其他综合收益或直接计入权益，我将在括号中予以说明。例如，不动产价值的重新评估应这样反映：

➢ 增加（借记）固定资产；

➢ 增加（贷记）重估价准备（通过其他综合收益）。

此外，还有几个常见的而且下文会涉及的术语：

➢ 置存价值。置存价值是指资产或负债计入到资产负债表中的价值。过去，我们使用“账面价值”一词，但该术语代表的是成本价。我们会看到，许多项目在资产负债表上都不是以成本价来“置存”的。

➢ 金融工具。金融工具本质上是一种赋予各方权利和义务的纸质凭证。股票、借款和应收款项都是金融工具。

➢ 权益构成/公积金构成。如你所见，所有者权益有很多构成项目。前文已提及，Wingate 公司的报表将这些项目称为“公积金”，而会计准则——这是我们下面要简单介绍的内容——只是将其称为“权益构成”。

会计准则

会计准则规定了公司报表应呈现的内容。这些准则包括：

➢ 核算的交易类型；

➢ 核算的方法；

➢ 应披露的其他信息的数量；

➢ 信息列报的方法；

➢ 术语。

在英国，《2006 年公司法》规定了公司应按照如下标准之一处理报表：

➢ 依据国际会计准则。

➢ 依据公司法提出的规则以及国务大臣基于特定目的指定的实体所发布的其他标准。这些规则和标准统称为“英国公认会计原则”。

因为大部分大型公司基本上都是上市公司，而上市公司应用国际会计准则，因此我们将关注国际会计准则。请注意，私人公司使用的准则可能会有所不同。

公允价值与历史成本

阅读 Wingate 公司报表的附注 1，你会发现该公司的报表是基于历史成本法的。

这意味着到目前为止，资产负债表上的全部资产都是基于资产在购入时的实际成本，即历史成本。然而，国际会计准则几经变迁，对许多资产和负债的要求都是以公允价值列报，而非历史成本。公允价值是指，在有序的市场条件下，在资产负债表日购买资产所支付或转移负债所收到的价格。

> 这岂不是会让问题更加复杂？

在某种程度上的确如此。然而：

➢ 现代公司会发生很多交易，世界经济形势使资产和负债的价值发生显著且急剧的变化。

➢ 在未来几天或几周内支付的货币与同等金额的未来三年之内都无须支付的货币折算成现值差异很大，该差异称为货币时间价值。倘若能延期支付若干年，并在此期间将这笔资金做其他投资，那是很有价值的。

货币时间价值的调整即通过将未来现金流量折现以得出这些现金流量在今天的价值，这个价值称为现值，即通过选用一个年折现率将未来现金流量折现。因为货币的未来价值小于现在的价值，所以折现后的数字会小于未折现的数字。不同的公司，在报表中使用的折现率差异很大，既可以低至1％，也可以高达15％～20％，具体取决于估价的对象。选用不同的折现率，所得到的现值结果也有很大的差异，因此报表附注通常会反映折现率变化1％对公允价值的影响。

假设公司现将两年后发生的现金流出量按其折现后的公允价值记录在资产负债表中，那么一年之后，资产负债表中的现金流出量会更接近于一年后现金流出量的实际值，这会对货币时间价值的计算产生影响。此时，现金流出量的现值会更高一些，其在资产负债表中的记录如下：

➢ 增加（贷记）未来债务；

➢ 减少（借记）留存收益（通过利润表的财务费用）。

以上分录称作折现的摊销。

减值

在上市公司的报表中除了公允价值随处可见，你会发现经常提及的还有“减值”。

有的资产并不是在每个资产负债表日重述其公允价值，而是要考虑减值。这意味着在资产负债表日，如果资产的可收回金额或低于其会计账面价值（即该资产发生了减值），那么公司应将该资产的价值调减至公允价值。

资产的价值会回升吗？

会的。如果由于减值而在某个资产负债表日调减了资产的置存价值，但在后续的资产负债表日资产的价值有所回升，那么可以往回调增该资产的价值，但是调增后的金额不得超过资产负债表上列报的原始价值，否则就必须有效地使用公允价值对该资产进行核算。

可以推测，减值会影响股东财富，因而所有者权益一定会减少。这是否意味着减值损失应计入损益表呢？

这取决于所讨论的项目，详见后文的讨论。

本章小结

➢ Wingate 公司的报表反映了一种简单而美好的情形。其中，资产负债表提供了公司在特定时点的明确的财务状况；损益表解释了股东财富在年度内变化的方式；现金流量表解释了现金在年度内增减变动的原因。

➢ 上市公司的报表比 Wingate 公司复杂，但是

——资产负债表仍然是公司财务状况的定义式报表。

——现金流量表仍然解释了现金余额的变化。

——损益表并未完全解释留存收益的变化，还有两张额外的主要报表有助于我们准确地理解发生了什么。

➢ 国际会计准则使得会计核算略微复杂。但是，只要关注资产负债表，阅读附注，我们就能够遵循国际会计准则。

第 12 章/*Chapter Twelve*

Listco 公司报表分析

我们现在开始详细地分析 Listco 公司的报表，本章先对合并报表进行解释，在此之前，首先需要讨论一下无形资产。

无形资产

通俗地讲，无形资产是没有实物形态的资产，诸如计算机软件、专利、品牌、商标、客户关系、客户名录。

如果你从第三方购入无形资产，应将其资本化（像固定资产一样）并在若干年内计提折旧。我们使用“摊销”一词来表示无形资产的折旧。

如果内部研发无形资产（并非由外部购买），只有满足一系列极为严格的条件才能将其资本化（之后在其使用寿命内摊销），反之应在发生支出时费用化。

网站支出应资本化还是像普通费用一样费用化？

这是一个很好的问题，这要视情况而定。一般而言，如果网站仅仅提供公司信息，就与其他的营销项目没有区别，应在支出发生的当年将其确认为费用，即费用化；然而，如果是一家交易网站，也就是说客户可以通过该网站在线购物或者做在线销售，倘若能够合理预期该网站产生的交易足以弥补建设网站的支出，则应将其资本化（当然，应在未来若干年内摊销该资产）。

集团公司

在了解无形资产之后，就能讨论合并账户。

公司可以像自然人一样仅购买另一家公司的少量股份，也可以购买全部股份，这两种情况显然有很大的不同。如果你仅拥有某公司的少量股份，那么你对该公司不具有任何控制权，该公司的业务也不能合并为你的公司业务的一部分；如果你拥有某公司100%的股份，那么该公司的绩效应与你的公司的绩效一并详细记录于公司的报表中。

对其他公司的投资可分为三种类型。

➤ 子公司。如果你可以控制一家公司，那么这家公司就是你的子公司。所谓控制既包括拥有子公司50%以上的投票权形成的控制，也包括通过合同方式得到的控制权。

➢ 合营企业和联营企业，如果一家公司不是你的子公司，但是你能够对该公司施加重大影响，那么这家公司是你的合营公司或联营公司。如果你拥有某公司 20%以上的投票权（包括 20%），那么通常认为你可以对该公司施加重大影响，然而临界值是多少应具体情况具体分析。

➢ 投资。即不属于以上两类的其他投资。

下面依次对每类投资如何核算进行讲解。

子公司的核算

本节的目的是将投资公司（即母公司）和子公司视作一个公司来介绍，由此得到的报表是合并报表（通常称作集团报表）。这种报表有助于关注集团整体情况的人全面了解集团。

商誉

正如我们在讨论公司估值问题时阐述的，人们购买公司股票所支付的价款通常大于其净资产的价值。造成这种行为有两种原因，其中一个是由于公司有大量有价值的表外资产。显然，如果将这些有价值的资产列入表内，净资产将会增加。此类资产包括：

➢ 熟悉流程，具有一定知识、诀窍和工作经验的熟练技术工人；

➢ 与客户和供应商的关系；

➢ 商标。

当收购一家公司时，收购所支付的价款与被收购公司净资产价值之间的差额称为商誉。当设置合并报表时，需要将商誉数字列示在合并资产负债表中以保证报表左右平衡。（因为母公司支付的收购价格与子公司的净资产之间存在差额。）

我不确定理解了这个问题，克里斯。

让我们看一个简单的例子。假设一家公司（母公司）花费800 000英镑收购了另一家公司（子公司）。该子公司没有负债，资产负债表上唯一的资产是建筑物，该建筑物的账面价值是300 000英镑，这表示子公司的净资产是300 000英镑。如果看一下该交易体现在母公司合并报表上的整体效应，可以推知应做如下处理：

借：固定资产	300 000	
贷：现金		800 000

但是这样，资产负债表会不平衡。我们不可能改变现金数字，因为事实如此，资金已经支出。我们面临以下选择：其一，将建筑物的价值变更为800 000英镑；其二，设置一个资产类账户——商誉，反映差额500 000英镑，于是得到：

借：固定资产	300 000	
商誉	500 000	
贷：现金		800 000

公司经常会收购一些拥有多种业务的子公司。当它们这样做时，

需要将商誉在各个现金产出单元之间进行分配。

国际财务报告准则与英国会计准则在收购日后会计年度内商誉的后续处理上有显著不同。在英国会计准则下，商誉像其他无形资产一样摊销。因此，可以选取一个估计的使用寿命，并在此期间每年按照一定比例降低商誉的价值。在国际会计准则下，商誉是不摊销的，它在合并资产负债表上保持不变。每年母公司的董事都需要对商誉数字进行复核，如果他们有理由认为商誉的价值相对于年初有所降低，则需要减记其价值（即减值损失），这种处理会导致商誉价值降低、留存收益减少。应按现金产出单元估计减值，这意味着如果某个现金产出单元减记其价值，也不能因为子公司的其他部门的价值高于其分摊的价值而相互抵销，总价值并非保持不变。

收购资产的重新估价

商誉是母公司的收购价与子公司的净资产之间的差额，但这并不全面。

> 你关心的问题并不是首次提出，克里斯。

事实上，母公司需要重新估计子公司所有的资产和负债的公允价值，之后在合并资产负债表中使用重新估价之后的数字。

作为其中的一个步骤，母公司也会给出子公司各种无形资产的价值，即便这些无形资产不会出现在子公司自身的资产负债表上。例如，子公司历经数年创造了一个知名品牌，由于该品牌是自创的，不是外购的，因而子公司的资产负债表并未将其视为资产。不过，为了编制合并资产负债表，商标也作为资产计入资产负债表中。

于是，商誉数字反映了母公司支付的价款与子公司重新估价之后的净资产数字之间的差额。因为重新估价程序通常会增加净资产数，所以重估后的商誉数字通常小于重估之前。

那么，建筑物应如何处理呢？

假设：

➢ 建筑物购入时的公允价值是600 000英镑。

➢ 子公司自有的品牌未计入资产负债表，其价值设定为50 000英镑。

于是得出：

借：固定资产	600 000	
无形资产	50 000	
商誉	150 000	
贷：现金		800 000

由此可见，仍然能获得商誉，但其价值比原来少。

当然，对于无形资产可能有两种情形并存的情况：如果无形资产是外购的，应将其资本化；如果无形资产是内部研发的，通常不予资本化。这一点在分析公司报表时需要注意。

非控制权益（少数股东权益）

回想一下，仅当持有某公司的股份在50%以上时，才能将其称为本公司的子公司。不论母公司对子公司的持股比例是多少，均与母公司 100%持股一样进行合并处理。然而，当母公司的持股比例小于 100%时，上述处理方式会导致高估母公司作为大股东对子公司资产的要求权，所以应在资产负债表上额外增加一行来反映其他股东对子公司资产的要求权比例。这部分要求权称作非控制权益（也称少数股东权益）。详见附录 2 中 Lisco 公司资产负债表第 51 行。

同样地，合并损益表和合并综合收益表也会单设一行反映合并利润中归属于非控制权益的部分以及归属于母公司的部分。

合营企业和联营企业的会计核算

根据定义，合营企业不是由母公司控制的，因而合营企业的全部资产和负债不并入集团的合并资产负债表中，只是将净资产单设一行列示。

因此，如果某公司投资 12 000 英镑取得另一家公司 25%的股份，被投资公司在当时的净资产为 20 000 英镑，那么相当于投资公司支付 12 000 英镑取得了价值 5 000 英镑的净资产。会计核算如下：

	借方	贷方
借：对合营企业的投资	12 000	
贷：现金		12 000

因而，如果投资公司为取得被投资公司股份所支付的价格超过了净资产的价值，该公司实际上在为某些尚未确认的无形资产或商誉买单。但是这些无形资产只是被列报在“对合营企业的投资”这一行吗？

是的。接下来，在每一个期末，母公司会将增加或减少的联合投资的净资产份额加到“对合营企业的投资”一行中。假设有利润产生，那么：

- 增加（借记）对合营企业的联合投资；
- 增加（贷记）留存收益（通过损益账户——合营企业利润增加的份额）。

若发生了没有预料到的增加或减少，那么损益表和综合收益表中会显示合营企业的利润，参见Listco损益表的第11行。假如母公司的股东认为他们的投资发生了亏损，那么他们会确认减值。

倘若合营企业派发红利应该如何处理？

这种情况，合并账户须反映现金分红和对合营公司投资的减少：

- 增加（借记）现金；
- 减少（贷记）对合营企业的投资。

若合营企业投资很重要，那么附注中会包含额外的信息。但这些信息对分析合营企业投资并不充分，倘若你需要分析投资信息，还需获取合营企业的年报。

投资的会计核算

当一个公司投资另一个公司，但并未形成母子公司或合营公司的关系，对这种情况我们将进行如下会计处理：

➢ 如果股票是在交易所交易，便能够轻易地确定股票的公允价值，这种投资的公允价值可以在当日的资产负债表中识别，因为前一日资产负债表中所有的增加或减少都包含在损益表内。

➢ 如果公允价值不容易确定，那么股票就会在资产负债表中作为成本体现。

公司报表 vs 合并报表

我想谈的最后一件关于合并报表的事情是，合并报表可能反映一些母公司自身的会计信息，但通常只有资产负债表和一些附注。在其他情况下，合并报表也会披露完整的账户信息和附注。通常来说，母公司报表并没有太大的吸引力，大家需要注意的是合并报表。

有形固定资产

之前，在学习 SBL 和 Wingate 公司报表的时候我解释了应该如何对有形固定资产进行会计处理。总体而言，我们将这些资产记作成本，然后按其预期使用寿命折旧。折旧计入损益表中。当资产被出售时，我们便可以确认其置存价值和售价之间的差值（当然，有可能赚取利润，也有可能发生损失）。

我们还需要知道一些其他的事情。

首先，如果一个公司资产负债表中的某项资产的价值超过了其可收回金额，那么应将其确认为减值损失。在做会计处理时，会计分录应该是：

➢ 减少（借记）有形固定资产；

➢ 减少（贷记）净利润（通过损益表）。

其次，我在解释公允价值的时候说过，在一些情况下，有形固定资产可以用公允价值记录（而不必用成本减累计折旧来记录），主要有以下几种情况：

➢ 必须用同样的方式处理同样类型的资产；

➢ 需要在标准基础上重新对资产进行估价；

➢ 在其他综合收益而不是损益表中显示之前的重估收益或亏损，除非是一笔将置存价值贬值到低于折旧成本的损失。

因此，重新估价的会计处理为：

➢ 增加（借记）有形固定资产；

➢ 增加（贷记）净利润（通过综合收益表）。

在英国，你可能希望或者被要求在几个称为资产重估储备的账户中记录资产重估，而不是留存收益账户。那么，其会计处理如下：

➢ 增加（借记）有形固定资产；

➢ 增加（贷记）资产重估储备（通过其他综合收益表）。

Listco 在对一些资产进行重估时使用的就是后一种方法。

通常，公司使用公允价值对拥有多年且有升值空间的土地和建筑物进行价值重估，对于厂房和设备则不同。

不动产投资

如果公司拥有不动产是以投资而不是使用为目的，那么在会计处理上与前面稍有不同。

可在使用公允价值或者使用成本减折旧这两种方法中选择。如果选择前者，那么：

➢ 任何前一会计年度发生的价值增加都需要记录在损益表中。这是因为，如果你把某项不动产作为投资，那么资产升值便是商业计划的一部分。因此，任何利润或损失都是股东真实的收益或亏损。

➢ 所有的投资性不动产的计量必须采用相同的方法，除非在特殊情况下无法轻易计算出公允价值。

资本/资金

回忆 Wingate 公司，我们能够发现 Wingate 的资金（通常也称为资本）来源有两种：一种是股东，另一种是银行。股东投入的钱是常规的共享资金，是一种长期的投资，并且只能在公司运营好的情况下得到分红。公司盈利越多，股东能得到的回报（即投资获得的利润）就越多。这种形式的资金我们把它称作权益或者股权资本。

稍等，我以为“权益”就是股东对公司资产的所有权。现在你用一样的词，仅代表股东投资的股东权益部分（即排除了留存收益）。

没错。我们必须承认有这种迷惑性。一般来说，根据上下文很容易理解。

现在，余下的资金来自银行。与股东投资不同，银行贷款的时长（期限）是已知的，而贷款回报（利息）是未知的。与支付红利不同，公司必须向银行支付贷款利息。这样的资本叫做债务。

权益和债务有不同的类型。很多时候人们会将两者一起使用。权益工具和债务工具统称资本工具。

资本工具顺序

当讨论公司资本工具时，经常碰到的问题就是顺序。前面我们讨论 Wingate 公司贷款时就有涉及。如果一个公司停止交易，不论出于何种原因，公司都会派出代表来处理相关事宜。这个代表可以是管理层、官方接管人，也可以是清算人，具体是谁要根据实际情况而定。但不管是谁，他们做的事情都是一样的。他们的职责就是，识别出公司的财产，然后把它们分配给公司债权人，如果还有剩下的就分配给股东。

这就是顺序问题。我们在谈论 Wingate 的银行贷款时曾提到，银行对公司资产有控制权以确保它们在其他债权人之前拿到钱。一旦债权人得到了清偿，接下来股东便可以得到支付。就像我们看到的那样，一些种类的股东比另一些种类的股东先拿到钱。事实上，大部分公司并不会破产，然而一旦发生破产这样排序的作用对银行和其他债权人就显得非常重要了。

现在，我们来了解一下一些主要的资本工具。

权　益

普通股

就像 Wingate 公司，Listco 公司只有一种类型（或类别）的股权资本，就是普通股。

你会发现有些公司会有两种普通股：普通股 A 和普通股 B。除普通 B 没有投票权之外，这两种股票拥有相同的权利。会计附注中会解释不同类型股票的不同权利。

优先股

这也是一种常见的股票类型。和普通股不同的是：

➢ 优先股一般享有固定的年度分红，且优先股分红必须在其他类分红前付清。和利息不同的是，公司除非有充足的分配储备才可以支付股利，否则不能。

➢ 如果公司破产，优先股股东会先于普通股股东拿到钱，即顺序优先。但他们仅能拿到预先确定好的金额。剩下的则由普通股股东分享，普通股股东所分得的金额可能会比他们投入的多，当然也可能会比投入的少。

由此可以看出，优先股比普通股风险更小，因为其权利总是优先于普通股（因此命名为优先），但也很难获得更多的收益。

优先股有很多不同的种类：

➢ 有时候，公司可能在某一年效益不好，而且无法分红。累计优先股有权在普通股股东分红之前获得历年所有的而不仅仅是当年的红利。

➢ 有时候，优先股的股利也会增长（例如公司业绩特别好的时候）。这被称为参与优先股。

➢ 一些优先股要求公司在固定的日期返还投入的资本，这种优先股称为可赎回优先股。

➢ 一些优先股可在特定时间以特定的每股价格转换成普通股，这种优先股称为可转换优先股。

➢ 甚至，一种优先股可以具备以上全部特征。

其他类型的股票

一个公司几乎可以以任何条件和形式发放股票（只要股东允许），名字可以任意起。

我们也会遇到这样的股票，尽管它们符合法律要求，但你必须把它们当成债务来对待，因为它们更像一种债务。

> 怎样区分呢？

浏览一系列的报表，你会发现公司一般会将这些资本工具合理分类，然后加以备注。一般说来，分类需要遵循一定规则：

➢ 如果资本工具的持有者有现金（或其他资本工具）要求权，不论是利息偿付还是赎回其他资本工具，那么这种资本工具更应该被视为债务。

➢ 如果公司可以决定是否以及何时支付，那么该资本工具就更像一种权益资本，应按照权益资本进行会计处理。

然而，一些资本工具既有权益的特征又有债务的特征，这样的情况就比较复杂。

> 那么，以优先股为例，在特定日期可以赎回的部分应被视作债务，因为公司除了将现金归还别无选择，是这样吗？

没错。如果公司有义务且同意支付优先股股利，那么该优先股看起来更像债务，且应按照债务来处理。

> 优先股被当作债务还是权益为什么那么重要？是不是因为它代表了公司资产的所有权？

是的。它会在两方面导致差异：

➢ 如果我们把它视作债务，那么优先股的红利会被当作利息记录在损益表中的金融成本一栏。

➢ 导致不同的资金结构比率，如债务权益比。

债　务

银行债务

Wingate公司有两种银行债务：透支额和贷款。有一种债务叫做循环信贷，它与透支很像。公司可以从银行得到一定额度的资金，归还之后可循环使用。不同的是，透支额必须一直都处于能够偿付的状态（即银行能够随时收回借款），而循环信贷通常是一个“协议”机制，即在未履行完合约前，银行不能收回额度，除非公司毁约。

公司债券

大型公司不仅会向银行借钱，也经常发行债务给投资者（通常是给一些大型机构，例如养老基金或保险公司，很少发给个人）。这意味着，公司从投资者手中借钱并承诺在固定的时间内支付一定比例的利息作为回报；在到期日，将本金归还给投资人。这样的借贷行为称为公司债券。我们也会见到其他的术语，例如：

➢ 票据，它的期限要短于债券；

➢ 商业票据，它的期限比票据还要短（通常短于一年）。

在银行家的帮助下，公司将其债务通过债券市场发给投资者。

在债券市场中投资者可以：

➢从公司购买新发行的债券；

➢买卖已持有的债券，这要通过二级市场。

绝大多数的公司债券面值是 1 000 美元或者 1 000 欧元。面值就是本金，用来计算所需支付的利息。如果一种债券的年利率是 3.250%，也就是说拥有面值 10 000 美元的债券，那么每年会得到 325 美元的利息。

有一点需要了解，投资者未必是以 10 000 美元购买这些债券，也可能是 11 000 美元，因为债券的价格取决于市场实际情况。在这种情况下，投资者仍然会得到 325 美元的利息，并且在期末拿回 10 000 美元的本金。但是如果支付了 11 000 美元的价格，那么获得的实际利率要低于 3.250%。

是否可以推断，倘若你从公司购买了新发行的债券，你需要按债券的面值进行支付？

不是。债券的价格是不断变化的，公司不能够改变新发行债券的利率，使其正好等于债券发行时投资者支付的价格。因此，公司会选取一个大概差不多的利率，然后尽可能提高发行债券的价格。当然，这个价格可能高于也可能低于实际面值。

债券的定价一般都是以 100 这种形式来表示。例如，如果某种债券定价为 100，则意味着购买面值为 1 000 美元的此种债券需支付 1 000 美元；如果债券的定价为 102.4，则意味着购买面值为 1 000

美元的此种债券需要支付1 024美元。

> 假设公司以102.4的价格发行了面值为100万美元、利率为3.25%的债券，2022年需要偿还本金。我这样说是否正确：这意味着公司“今天”的实际收入为1 024 000美元，但公司每年只需要付32 500美元（3.25%×1 000 000）的利息。在2022年，公司只需要偿还100万美元本金而不是1 024 000美元？如果是这样的话，公司会计应该怎样处理？

这个过程你分析得很正确。实际上，它是通过一种叫实际利率法的方法计入资产负债表的。实际利率法这一术语会经常出现在公司的报表中。之前我们在研究融资租赁时也提到过。

发行债券的会计处理如下：

借：现金	$1 024 000	
贷：债券持有人的债务		$1 024 000

第1年年末，需要做如下记录：

借：留存收益（利益支出）	$24 700	
债券持有人的债务	$7 800	
贷：现金		$32 500

不用在意实际数字。我们需要注意的是，支付的32 500美元利息，一部分使公司所欠的本金金额减少；一部分使股东的留存收益减少。这样持续到债券到期日，公司仅剩10万美元需要偿还。

公司欠债权人的债务减少的7 800美元称为债券的溢价摊销（即

以 102.4 而不是 100 发行债券）。

在 Listco 公司的资产负债表上，银行债务和公司债券债务展示在第 21 行和第 27 行。附注里提供了很多关于不同借债行为的细节。

可转换债券

有一种债券，它具备此前我们提到的一些特征。该种债券可以以规定价格转换成公司普通股。

债券持有人在债券转换为股票之前能够接受比较低的利率，因此，公司可以从发行可转换债券中获益。很明显，债券持有人相信债券转换成股票是值得的，否则他们就会选择购买高利率的不可转换债券。

其他公司债务

公司也会以一种不太标准的形式发行债券。一般来说，这样的债务不会用作交易，也可能还有更复杂的形式。这样的债务可以叫做债券、票据或者是商业票据。但你也会遇到这样的术语：

- 贷款债券。
- 公司债券。在英国它是针对以一些公司资产作为抵押的长期贷款，但在美国和其他一些地方它仅是短期贷款而已。

金融工具

金融工具包含金融资产和金融负债。金融资产建立在你与第三方之间的合约的基础上，其在你的账户中被确认为资产，在第三方账户中被确认为金融债务或权益工具（例如股票）。金融资产包括：

- 应收账款；
- 投资其他公司的股票；
- 应收贷款；
- 衍生产品合约，在相关资产债表日对你有利。

金融负债也是指你和第三方之间所建立的合约，在你的账户中被确认为负债，在第三方账户中被确认为资产。金融负债包括：

- 应付账款；
- 应付贷款；
- 衍生产品合约，在相关结账日对你不利。

衍生产品

什么是衍生产品？是给银行制造麻烦的东西吗？

衍生产品合约（或简称衍生产品）是建立于两方之间的合约，该合约的履行能够在发生一些潜在变化时使合约一方获利，另一方亏损。这种变化可以基于特殊的利率、商品的价格、股票价格、债券价格或指数，如富时全股指数（所有在伦敦股票交易所交易的公司股票综合价格指数）。

表12－1解释了一些主要的衍生产品，并提供了一些例子。

表 12-1　主要衍生产品和例子

名称	概述	例子
远期	在特定日期以特定价格买卖特定数量的某物的协议。当清算日到来，进行实物交割，或者双方达成一个金额统一签订协议。	在特定的日期以每吨 150 英镑的价格出售 200 吨小麦的合约。 在特定的日期以汇率 1.3 欧元/英镑出售 500 000 欧元（即 384 615 英镑）的合约。
期货	除了以下其他与远期相同： ➢ 是标准的合同； ➢ 在世界各交易所大量交易； ➢ 一般以现金而不是实物交易。	同上。
期权	➢ 一方在当下将一定金额的现金支付给另一方，获得在特定日期以特定价格购买一定数量的物品的权利（但不是一项义务）。 ➢ 或者支付一定金额的现金获取在特定日期以特定价格出售一定数量物品的权利。 ➢ 可能发生交易或现金支付。 ➢ 大多数期权是交易，在交易所中进行，也有许多期权是买卖双方私下达成的书面协议。	➢ 在接下来 3 个月内，有可以在任何时间以 150 便士的单价购买上市公司 1 000份股票的权利。 ➢ 在接下来的 6 个月内，拥有在任何时间以 1.3 欧元/英镑的单价出售500 000 欧元的权利。
利率互换	一种协议，规定可以在两种利率之间进行调换。	➢ 银行同意以固定利率 3% 替换 LIBOR+2%的浮动利率来支付 6 个月 100 万英镑贷款的利息。

如果能够合理地使用这些金融衍生产品，它们对企业将非常有价值。因为它们能够消除未来的不确定性：

➢ 假如在下一年度，我需要让销售收入达到 1 000 万欧元，我担心利率的变化影响下一年度的利润。因此，我可以在今天签订一份远期合约，确保我能够在3个月、6个月、9个月，甚至12个月后得到固定金额的欧元。当然，我可能会盈利或亏损，但是我不在乎，因为未来已经有了确定性。

➢ 类似地，农民希望现在就能够将小麦的售价锁定。因此，他们现在与一些农作物批发商签订合同，或者直接通过一些股票经销商签订期货合约。如果小麦价格降低，那么他们将从合约中受益。

➢ 如果我以浮动利率从银行借款100万英镑，期限为5年，例如比LIBOR高出2%，那么，我将面临利率上涨的风险，导致我没有办法控制利息费用。因此，我与银行签订利率互换协议，让银行支付由利率变动所产生的差价。这样一来，就可以保证我以固定利率支付贷款利息。

以上这些行为称为对冲。

金融工具的会计处理

公司需要对金融工具进行分类，然后根据不同类别的规则进行会计记录。会计附注中会对不同类别的金融工具加以解释。我们只需了解以下三种处理方法：

➢ 以公允价值记录在资产负债表中，上一个结账日之后的任何变化都会影响留存收益（通过损益表）。

➢ 以公允价值记录在资产负债表中，上一个结账日之后的任何变化都会影响留存收益（通过其他综合收益）。

➢ 都以摊销成本记录。这里的摊销成本指：

——初期投资；

——减本金偿还；

——减减值损失；

——加或减所有折扣或收入/支付溢价的摊销（采用实际利率法，我们在讨论公司债券的时候提及过）。

经常使用的金融工具的会计处理方法如下：

➢ 以交易为目的的投资：以公允价值记录（通过损益表）。

➢ 应收账款和应付账款：以摊销成本记录。

➢ 贷款：以摊销成本记录。

➢ 所有衍生产品：以公允价值记录。

外 币

许多大公司都有海外交易，因此涉及外币的使用。外币对公司的影响主要有两种方式：

➢公司与第三方交易，以外币作为交易币种。我们在讨论 Wingate 公司的时候涉及了该内容。

➢公司的部分或全部业务在海外进行，因此需要使用外币作为会计记录单位。

功能性货币

你经常会看到功能性货币这个术语。我简单地解释一下。假设：

➢ 你拥有一家位于法国的公司，那么欧元即为主要的货币。

➢ 该法国公司使用美元进行一些交易（例如，购买和出售货物）。

➢ 该公司的母公司位于英国，提供给股东的财务报告需要用英镑作为计量单位。

我们对不同的货币做如下描述：

➢ 对于该法国公司而言，欧元为其功能性货币。

➢ 对于该法国公司而言，美元为外币。

➢ 对于英国的母公司而言，英镑为其呈报货币。

国外子公司的会计报表合并

为了将法国子公司的会计报表合并到英国母公司的会计报表中，可以：

➢ 把所有外币交易都转换成功能性货币。

➢ 然后将法国公司的损益表、资产负债表和现金流量表转换成母公司所使用的呈报货币。

转换成呈报货币，需要：

➢ 在相关结账日，资产负债表中期初和期末余额以即时汇率转换。这样能够准确地描述公司在相关日期的财务状况。

➢ 损益表中的交易在其发生时以即时汇率转换，这样能够公允地计量公司在当期产生的收益和损失。

➢ 现金流入和流出在发生现金流动时以即时汇率转换。

现在我们来回顾一下 Wingate 公司的例子。Wingate 公司的损益表中列示了资产负债表中留存收益的变化。将资产负债表中留存收益的期初和期末余额以不同的汇率转换，并将其过到损益表中。一旦进行货币转换，损益表中的数字不会与留存收益的变化额相等，我们将两者之间的差异称为汇总损益。

我们来看一下 Listco 公司资产负债表的第 46 行，你会发现有一个特殊的损益项目叫做汇兑储备。两个年度的汇兑储备并没有记录在损益表中，而是记录在其他综合收益中。你可以在 Listco 公司的综合收益表的第 9 行，即标题为“未来有可能被重新划定为损益的项目”下找到该项目。这是因为，倘若你决定未来将该子公司出售，那么出售该子公司所产生的任何收益或损失都会受到汇率的影响，应该记录在损益表中。所有者权益变动表列示了本年度汇兑储备的变化。

最后需要强调的是，单独记录汇兑储备并不是强制性的要求。公司可以将该内容包含在留存收益中。如果是这样，你会发现该年度的所有者权益变动表发生了一定变化。

对　冲

在前面讨论金融衍生产品的时候我解释了公司如何在发生不利变动时对该变动进行对冲（即防御）。此外，我解释了金融衍生产品需要以公允价值记录在资产负债表中，其当期产生的收益或损失将记录在损益表中。指定对冲资产也要以公允价值记录在资产负债表中，其发生的收益或损失记录在损益表中。那么，指定对冲资产的收益/损失都会与相关金融衍生工具的损失或收益相抵销。

然而，我们会遇到一个问题。在某些情况下，指定资产不以公允价值记录在资产负债表中或不列示在资产负债表中。那么，资产负债表和损益表仅反映金融衍生产品的价值的改变。

举例来说，假设你计划在明年购买500吨铝材，你担心铝材的价格会上涨。因此，你签订了一份远期合约，允许在规定日期以固定的价格购买500吨铝材。这一规定价格比签订合约时的市场价格略高，但你并不在意，因为你至少获得了确定性。但是，虽然你解决了现实问题，却要面对会计问题，因为远期合约必须要在期末进行估值。然而铝材并不需要记录在会计报表中，因为本期还未发生铝材交易。倘若铝材的价格在签订远期合约后有所下降，那么该远期合约的市场价值就会降低，因此，你需要在损益表中记录该损失。这将会对管理者的奖金产生负面影响。

好吧。这么说，当指定交易和衍生合约完成时，一方的收益或损失都会与另一方的损失或收益抵销。如果结账日是在合约签订日与合约执行日之间，那么就会存在“匹配”的问题？

是的。这个问题可以用规则来解决。这些规则允许公司使用特殊的会计方法匹配指定交易（对冲资产）和用于对冲的金融衍生产品。如何完成这个工作的规则和何时匹配这些交易是非常复杂的，我们并没有必要深入理解。常见的三种不同种类的对冲处理以及相关损益匹配方法如表 12-2 所示。

表 12-2 常见的对冲处理及相关损益匹配方法

分配方法	会计处理
现金流对冲	任何对冲工具的损益都需要记录在其他综合收益（而不是损益表）中。对冲交易发生时再将其损益过账到损益表与对冲资产匹配。
公允价值对冲	任何没有被记录在资产负债表中的对冲资产的损益都需要在资产负债表中确认，且需要通过损益表，从而与对冲工具匹配。
净投资对冲	投资海外公司的债务时使用该工具。任何由于汇率改变对该工具造成的损益都应记录在其他综合收益而不是损益表中，从而与海外公司对由该交易所产生的损益的会计账目相匹配，我们刚刚讨论过这一问题。

Listco 公司的综合收益表的第 10～11 行显示：

➢ 第 5 年发生了 300 000 英镑的现金流对冲亏损。

➢ 前几个年度的现金流对冲收益转回，因为这些现金流对冲已经发生且已在损益表中确认以匹配相关对冲资产。

养老金

养老金计划有两种类型：

➢ 定额供款养老金计划（也称现金购买养老金计划）。

➢ 退休金固定收益计划（也称终极薪水养老金计划）。

定额供款养老金计划是指一个公司每月或者每年为员工支付一定金额的钱到养老金计划中，这笔钱经过累积会逐年增长。到员工退休后，个人账户中的钱就是他们的养老金。

这种养老金的会计处理方法比较简单，因为在计划支付额之外公司不存在欠员工的债务（因此叫“定额”）。因此，公司的会计处理为减少相应金额的现金和留存收益（通过损益表）。

养老金固定收益计划是指公司承诺每年支付员工年养老金 x 英镑，x 取决于员工在公司工作的年限和他们退休时的工资水平。

这会造成更大的风险，并且在会计确认方面给公司带来一定难度，公司需要确认养老金计划账户已经足额支付，以确保在员工退休期间账户中有足够的钱用来支付承诺给员工的金额。千禧年前后一些公司破产，导致公司的养老金账户中余额不足，许多员工没有得到全部的养老金。

这样的情况比较麻烦，计算公司养老金计划账户中金额是否充足的规则很复杂。公司的财务报表会在每一个资产负债表日反映出养老金计划账户中不足或超出的金额（以当日的公允价值）。对于大型公司而言，你通常会发现有大量关于公司养老金计划的附注。坦白地说，我们大多数人通过阅读得不到什么信息，这需要努力去理解。资产负债表中养老金负债的总金额是我们需要关注的一点，这一巨大的金额需要公司在下一年支付。

确认养老金债务的变化通常有三种方法：

➢ 如果是因为精算收益或损失引起的改变，那么该变化要通过其他综合收益反映：

——增加/降低养老金负债；

——降低/增加留存收益（通过其他综合收益）。

➢ 如果只是因为公司向养老金计划支付了一些现金从而减少了负债，那么会计处理很简单：

——减少养老金负债；

——减少现金。

➢ 其他变化（包括员工本年度服务的额外成本、员工过去年度服务的收益的变化、支付给员工的养老金放弃权），所有这些都要通过损益表反映：

——增加养老金债务；

——降低留存收益（通过损益表）。

精算师是专门预测未来几十年的养老金资产和负债以及当精算师出现失误或改变预测结果时估算保险盈利或损失的人。

通过 Listco 公司的报表我们可以看到：

➢ 财务状况表中第 30 行显示了期末养老金负债。

➢ 从结算日开始由于保险盈利或损失导致的负债变更显示在：

——综合收益表的第 5 行；

——所有者权益变动表的第 11 行。

公司所得税

与养老金类似，公司所得税看起来比较复杂，大多数人无法从研究公司所得税附注中获得更多信息。

下面要分析当期税款与递延税款的区别。

当期税款是指当期利润实际应纳税的金额，就像我们在Wingate公司的案例中所讨论的。因此，你会在当期的损益表中看到这部分费用，以及在资产负债表中看到未支付的债务。

递延税款是实际上未被确认但未来会被确认为应支付的税款，相关交易已经在会计报表中确认。有两种情况会产生递延税款：

➢ 在讨论Wingate公司的案例时我们说过，应纳税收入与税前收入不同。这通常是因为HMRC进行的调整将会在未来年度增加税金，但却减少了当期的应纳税收入。换句话说，最终支付的税额没有变化，支付的时间却发生了变化。在这种情况下，公司可能需要在未来的某一时间（可能是几年后）支付额外的税金，因此确认为欠税务部门的债务。

➢ 当重新评估资产与负债的公允价值时，会产生获益或损失。那么，若资产或负债变现（即转化成现金），收益或损失会使公司需要支付的税金增加或减少。然而，重估资产和负债产生的收益或损失不会影响当期税金。因此，公司会计算税金将会影响什么以及递延税款都包含了什么。

你会看到在资产负债表中，递延税款被记在长期负债下。另外，递延税款实际上与公司所得税没有区别。当然，最终也可能是HMRC欠你递延税款，在这种情况下，资产负债表中递延税款被记为资产。Listco公司既有递延税款资产也有递延税款负债。

股票回购/库存股

在满足所有规定的前提下，公司可以回购自己的股票。这种行为称为股票回购。股票回购的原因有以下几种：

➢ 公司认为自己的股票的市场价值被低估。若是如此，现在以低价格购买本公司的股票，未来将值更多的钱，因此会为股东创造更多的剩余价值。

➢ 是代替股利支付的一种选择。当公司对某一特定类别的股票进行股利支付时，每一股所获得的股利是相等的。进行股票回购，则不同的股东可以出售不同份额的股票，他们可以不出售任何股票，当然也可以将持有的股票全部出售。

➢ 公司允诺将公司股份分发给员工作为激励计划，因此选择购买公司当下的股票。

你认为要如何记录股票回购？

好吧，公司购买股票应记为投资，因此：

➢ 减少（贷记）现金；

➢ 增加（借记）投资。

理论上，这种做法并没有什么错误。但目前我们不能这样处理，而是应该按照发行股票的相反的做法来处理股票回购，因此，应该减少所有者权益。仔细想想，这是符合逻辑的。将现金支付给股东

(尽管只有一些股东得到了这部分现金)，就好像股票发行的会计处理的反转。

因此，会计分录应该为：

➢ 减少（贷记）现金；

➢ 减少（借记）库存股票储备。

库存股票储备（也叫自有股票储备）是所有者权益下的一种特殊项目，当发生股票回购时，所有者权益降低，因此，该项目是负数。你可以在 Listco 公司的财务状况表（第 43 行）看到该项目，并在所有者权益变动表中看到其变化（第 4 列）。第 17 行列示了购买额外的库存股。

公司如何处理回购的股票呢？

在公司重新发行回购股票前，不会对其做任何处置。通常，公司会把这些回购的股票作为员工激励，或者将这些回购的股票全部注销。大多时候，公司会更倾向于将这些回购的股票闲置或者准备重新发行，因为这要比发行新股的成本低。

看 Listco 公司的所有者权益变动表（第 18 行），你会发现公司在第 5 年注销了一些股份。以下事项需要注意：

➢ 注销之前已经被记录为“库存股”的股票对公司总的所有者权益没有影响（请看最后一列的 0 值），改变的只有一些股票的份额。

➢ 表中有一个叫资本赎回储备的分录，IFRS 并没有要求公司设定该分录，但有些国家的法律有这类要求。股票被注销后，股权资本减少 X，那么会计账户需要做如下处理：

——增加（贷记）资本赎回储备 X；

——降低（借记）留存收益 X。

最后需要注意的一件事是公司通常会设置信托账户，如我们所知的员工收益信托，用来安置随后发行的员工股票。这种综合账户的目的是把股票作为库存股记在信托账户中，这会使会计操作更简单。

股份支付

以权益结算的股份支付

通常，公司会允诺为员工发放免费股份作为他们的报酬，前提是他们在指定日期仍然在公司任职。这个指定日期即为行权日。公司允诺分发股票的日期与行权日之间的这段期限称为行权期。同时，免费的股份发放需依据员工的业绩。如果在行权日之后达到规定业绩，股份被记作已行权——员工无权享有股份。

同样，公司经常给员工发放股票期权。这些期权赋予员工在业绩达到目标但已过行权日时可以以期权发行时允诺的价格（即合约价格）购买公司股票的权利。如果市场价格高于合约价格，员工行使期权，将以合约价格购买公司股票，然后，他们再以市场价出售股票即可赚取利润。

这些计划的目的是为了激励员工努力工作，从而提升公司股票价值达到股东的目标。同时这些激励计划也可以鼓励员工继续留任于公司，因为一旦他们决定离开公司，他们将失去这些期权和股票（这种做法通常称为金手铐）。

股份支付的会计处理如下：

➢ 首先，计算出允诺发放给员工的股票的公允价格，不考虑任何业绩情况（除了那些与公司未来股票价格相关的情况）。该过程需要使用复杂的模型。这将被记为公司的成本。

➢ 接下来，根据与公司未来股价不相关的业绩情况估计有多少允诺发放给员工的股票和期权可能被执行。

➢ 估计出股份支付所产生的成本后，将这些成本在整个行权期内进行摊销，行权期可能是几个年度，因此，便可以确定属于本期的费用是多少。

➢ 那么，复试记账即为：

——减少（借记）留存收益（通过损益表）；

——增加（贷记）股份支付储备。

尽管没有支付现金，但由于股份计划，已经确认了费用，是吧?

是的。一些人认为当员工行使期权时，不应该做这些复杂的会计处理，仅仅记为发行股票就可以了。

那么，当员工行使期权时会发生什么?

这要视情况而定。公司给员工分发一定数量的股票主要通过两种方式：

➢ 发行新股。

➢ 从库存股储备中转移出已有股份。

第一种方式的会计处理比较简单——与发行新股的处理方法相同：

➢ 增加（借记）现金（增加额为期权的执行价格）；

➢ 增加（贷记）股权资本（增加额为票面价值）；

➢ 增加（贷记）股票溢价（前两者的差值）。

可以参考 Listco 公司所有者权益变动表的第 16 行。

从库存股票储备中发行现有的股份，会计处理会有一点复杂：

➢ 增加（借记）现金（增加额为期权的执行价格）；

➢ 增加（贷记）库存股份储备（增加额为公司回购该股票时所发生的成本）；

➢ 减少（借记）股份支付储备（被确认为与期权相关的成本）；

➢ 留存收益增加或减少（直接在权益项目中填平）。

可以参考 Listco 公司的所有者权益变动表中第 19 行的变化。

到目前为止，我们已经讨论了员工获得股票这种股份支付方式，这被称为以权益结算的股份支付，还有一种支付方式叫做以现金结算的股份支付。

以现金结算的股份支付

以现金结算的股份支付即支付红利，支付金额取决于公司的股价。员工奖金即为以现金结算的股份支付的一个例子，它是由公司股价在两个日期之间的上涨幅度决定的。

与之前一样，必须估计潜在奖金的公允价值。这再次涉及复杂的期权定价模型，以及满足所有条件的可能性的评估。

因为涉及现金支付，因此，确定不同的公允价值时所需的会计处理是不同的：

➢ 减少（借记）留存收益（通过损益表）；

➢ 增加（贷记）应付职工薪酬（因为这是需要支付现金的实际债务，即使它是由股票价格决定的）。

另一个不同于权益结算方案的区别是，每个资产负债表日都必须做公允价值评估（在权益结算方案中，可能会修改预期的股票/期权的数量，但不能改变公允价值初始值）。

每股收益

基本每股收益和稀释每股收益

当我们研究 Wingate 公司时，每股收益仅仅是一年的利润除以一年内普通股的加权平均数。这就是所谓的基本每股收益（基本 EPS）。

实际中，基本 EPS 的计算要比 Wingate 公司的情况稍微复杂一些，因为需要对收益和股票数量进行调整。例如，如果一个员工无条件地享有一些免费股份，但还没发放，那么这些股份会被计入公司股票数量。

对于一个结构简单的小公司来说，基本 EPS 是非常适用的，但是大多数上市公司都有一个或多个可能需要发行股票的提案，这就意味着公司的利润必须在更多的股份中分享。因此，实际发行的股票将被“稀释”。因此，上市公司需要提出并计算稀释每股收益（稀释 EPS）。

我们已经讨论了可能导致股票发行的四种方式：

- 可转换债券——投资者的借款转换为普通股。
- 可转换优先股，优先股转换为普通股。
- 临时发行股票，如雇员激励计划。
- 用来获得股票的期权。

与基本 EPS 一样，这些会影响年利润或计算稀释 EPS 的股票数量，计算可能会变得相当复杂。特定战略安排的调整完全有可能增加每股收益。在这种情况下，调整往往被忽略。只有稀释性的调整被纳入计算，因此稀释 EPS 总是低于基本 EPS。

持续经营的每股收益

我们早些时候讨论过这样一种情况，公司在一年内停止了一项实质性的业务，它们将在损益表中分别列示继续经营和停止经营的情况。在这种情况下，公司需要为整个公司在持续经营的情况下和停止经营的情况下同时提供基本 EPS 和稀释 EPS。因此，我们每年可以看到 EPS 有四个不同的数字。

调整后每股收益

我在一开始时提到，公司通常会提供调整后的利润及调整后的每股收益。意料之中的是，这通常高于未调整的数字或显示较前一年的较好增长。

不要想当然地认为公司对绩效的披露是公正的。可以看到，上市公司调整后的每股收益数据比未调整的数据要高得多，你应该仔细想一想原因。

结 论

克里斯，你在这一章讲的很多东西似乎都与企业经营活动无关，它们的重点似乎在于资金结构和“金融工程”。

可以看出，我们所讨论的是对普通公司附注中账面价值的合理反映。这会让你合理地怀疑，公司是否试图通过混乱的资金结构来掩盖企业糟糕的管理。虽然某些公司的情况确实如此，但我认为大多数公司并非这样。请记住以下几点：

- 经营活动的会计工作基本是直截了当的，因此对它们的评价很少。但这并没有降低它们的重要性。虽然加强企业绩效表现的唯一方法是弱化资金结构的信息，但这实际上并不是一个好方法。
- 我们在这里只讨论了报表本身。年度报告的战略报告部分将花更多的时间对企业进行探讨。

好吧，我接受。但是我需要知道这些东西吗？

请记住以下几点：

➢ 正如我们前面所讨论的，每股收益是衡量上市公司估值的常用方法，所有这些因素都会影响它。

➢ 我们讨论过的一些事情确实影响了企业的利润（如营业利润），所以掌握这些知识对大家很重要。

➢ 最后，当你了解了上市公司报表的内容，你会发现它们并非那么令人生畏，当然也许在实际中你未必会用到这些信息。

附录 1

Wingate 公司会计报表

战略报告

董事会发布了截止到 12 月 31 日的第 5 年战略报告。

经营回顾

公司的主营业务是生产及销售糖果和饼干。尽管公司产品在英国市场增长不明显，不过公司还是将通过以下两个途径保持持续增长：

1. 针对现有的英国客户推出新产品以获得更多市场份额。
2. 出口至法国、德国和斯堪的纳维亚，以开发新客户。

在过去的几年里，公司在生产设备上大力投资以提升效率，以此帮助公司立足于充满竞争的市场。

董事会运用一系列关键业绩指标管理企业，主要包括营业收入、营业利润和税前利润。

董事会的目标在于持续增加营业收入、营业利润和税前利润，以使公司能够稳定地增加每年对股东的股利分配。

主要风险与不确定性

公司面临的主要风险包括：

1. 来自于公司主要客户的价格上的压力。预计这一情形将持续下去，公司将不断提高生产效率来保持利润。

2. 国际扩张战略失败的风险。

3. 政府在消费税率和监管上的变化。

业绩表现

董事会坚信公司的财务状况良好，下面是主要的业绩情况（单位：千英镑）：

	第 5 年	第 4 年
营业收入	10 427	8 619
营业利润	919	818
税前利润	594	557
应付股利	215	184
净资产	2 847	2 568

战略报告于第 6 年 3 月 31 日经董事会同意通过。

董事会报告

董事会发布了第5年的董事会报告及经审计的财务报告。

年度经营业绩

第5年销售收入为1 040万英镑，相比上年的860万英镑增长了21%。第5年税前利润为59.4万英镑，相比上年的55.7万英镑增长了6.6%。

董事会提议第5年年度股利分配方案为每股分配21.5便士，上一年度为18.4便士。

董事会责任履行汇报

董事会负有保证战略报告、董事会报告和公司财务报告合法与合规的责任。

公司法要求董事会提供公司每个财务年度的报表。董事会在这一法律下同意通过依照英国公认会计原则提供的公司报表。公司法要求董事会必须在确信公司各项业务，以及公司年度盈利或亏损是真实和公允的之后，才能批准发布公司财务报告。在准备公司报告时，董事会需要：

1. 选择合适的会计政策并持续应用。
2. 做出合理和谨慎的判断与估计。

3. 表明是否遵从了英国会计准则，是否披露了重大事项，以及是否在财务报表中加以解释。

4. 在持续经营的基础上编制财务报表，除非认为公司持续业务经营是不适当的。

董事会对保存充分的会计记录负有责任，以充分显示与解释公司各项交易、合理精确地披露公司任何时刻的财务状况，以及确保公司财务报表遵循了《2006年公司法》。董事会还对保护公司资产、采取合理措施以防止和察觉欺诈及其他违规行为的发生负有责任。

向审计师提供信息

董事会任何成员在董事会报告批准通过时必须确保：

1. 确信没有公司审计师未察觉的审计相关信息。

2. 董事已经采取所有应当采取的措施，提供公司审计师出具审计报告时所需的任何信息，以及确保审计师注意到了这些信息。

审计师

公司审计师为ABC会计师事务所。根据《2006年公司法》第485节规定，再次任命决议将于年度全体股东大会上提交审议。

致Wingate公司所有成员的独立审计师报告

我们已经审计了Wingate公司截止到12月31日的第5年财务报

表。Wingate 公司财务报表所使用的框架遵循了相关法律和英国公认会计原则。

这份报告仅为公司成员编制，报告整体上遵循了《2006 年公司法》第 16 部分第 3 章的要求。我们开展审计工作以对公司成员陈述我们所被要求陈述的事件，并且没有其他目的。在法律允许的最大限度上，我们对除公司以及公司成员之外的任何人，不对我们的审计工作、审计报告和我们的意见承担任何责任。

董事会与审计师各自的责任

正如在董事会责任报告里充分解释的那样，董事会对财务报表呈报以及确信其为真实的和公允的负有责任。审计师的责任在于依照与审计相关的法律实务与国际标准（英国与爱尔兰）对公司财务报表进行审计。依据这些标准，我们遵守审计实务委员会对审计师的职业道德要求。

财务报表的审计范围

审计师致力于获取充分证据证明，财务报表中的数字和披露合理，确信财务报表没有重大错报，不存在欺诈和差错。这包括就以事项的声明：会计政策是否符合公司环境以及是否持续应用和充分披露；董事会所做的重大会计估计是否合理；财务报表是否全面呈报。

对财务报表的意见

根据我们的观点，Wingate 公司的财务报表：

1. 真实公允地反映了公司截止到第 5 年 12 月 31 日的各种状况，以及当年的利润情况。

2. 依照英国公认会计原则的要求进行了合理呈报。

3. 依照《2006 年公司法》的要求进行了呈报。

对公司法规定的其他事项的意见

我们认为财务报表呈报年度的董事会报告中的所有信息与财务报表保持一致。

须报告的其他事项

除此之外，我们没有其他应《2006 年公司法》要求所需汇报的事项，除非我们认为：

1. 没有充分保存会计记录，或者我们没有访问的分支机构也没有充分反馈审计工作所需的信息；

2. 财务报表与会计记录不符；

3. 没有根据法律适当披露董事薪酬；

4. 我们没有接收到审计工作所需的所有信息与说明。

Wingate 公司损益表

第 5 年　　单位：千英镑

	附注	第 5 年	第 4 年
营业收入	2	10 427	8 619
销售成本		(8 078)	(6 628)
毛利		2 349	1 991
销售费用		(832)	(673)
管理费用		(598)	(500)
营业利润	3	919	818
应付利息	5	(325)	(261)
税前利润		594	557
税	6	(131)	(130)
年度利润		463	427
股利	7	(184)	(153)
年度留存收益		279	274
每股收益（便士）		46.3	42.7

该年度除利润外没有其他可辨认的利得或损失。所有业务活动继续按此标准划分。

Wingate 公司资产负债表

第 5 年 12 月 31 日　　单位：千英镑

	附注	第 5 年	第 4 年
固定资产			
有形资产	8	5 326	4 445
流动资产			
存货	9	1 231	953
应收账款	10	2 239	1 596
现金		12	17
流动资产总额		3 482	2 566
流动负债	11	2 906	2 192

续前表

	附注	第 5 年	第 4 年
长期负债	12	3 055	2 251
净资产		**2 847**	**2 568**
所有者权益			
股本	15	50	50
股本溢价		275	275
留存收益		2 522	2 243
所有者权益总额		2 847	2 568

财务报表已经董事会授权批准发布，于第 6 年 3 月 31 日以董事会名义签署。

Wingate 公司现金流量表

第 5 年　　单位：千英镑

	附注	第 5 年	第 4 年
经营活动			
营业利润		919	818
折旧		495	402
固定资产出售收益		(8)	0
存货增加		(278)	(172)
应收账款增加		(643)	(423)
应付账款增加		207	95
经营活动现金流		692	720
资本支出			
固定资产购买		(1 391)	(642)
固定资产出售收益		23	0
资本总支出		(1 368)	(642)
投资和筹资回报			
已付利息		(325)	(261)

续前表

	附注	第5年	第4年
利息总额税		(325)	(261)
公司税		(130)	(134)
税款总额		(130)	(134)
股利支付			
普通股股利支付		(184)	(153)
股利支付总额		(184)	(153)
筹资活动			
贷款获得		1 500	800
偿还贷款		(350)	(250)
融资租赁本金		(152)	(109)
筹资总额		998	441
现金流增加/减少		(317)	(29)

Wingate公司净负债 单位：千英镑

	第5年	第4年
净负债的净现金流变动调整		
现金增加/(减少)	(317)	(29)
贷款（增加）/减少	(1 150)	(550)
融资租赁（增加）/减少	152	(453)
净负债（增加）/减少	(1 315)	(1 032)
年初净负债	(3 357)	(2 352)
年末净负债	(4 672)	(3 357)

净负债变化分析

	第5年年初余额	现金流变化	第5年年末余额
现金	17	(5)	12
银行透支	(621)	(312)	(933)

现金净额/(透支)	(604)	(317)	(921)
银行贷款	(2 000)	(1 150)	(3 150)
融资租赁	(753)	152	(601)
净负债总额	(3 357)	(1 315)	(4 672)

Wingate 公司第 5 年会计报表附注

1. 会计政策

(a) 会计基础

会计处理是基于历史成本法。董事会认为公司有足够的资金以满足从报表批准日起至少 12 个月的期间日常运营资本需求。基于这一认定，董事会认为以持续经营原则呈报财务报表是恰当的。

(b) 营业收入

营业收入代表商品销售的含税发票价值。营业收入在商品交付或公司客户可以使用时确认为损益表的收入项目。

(c) 有形固定资产

每一项资产在其预期使用寿命内按如下比率平均计提折旧：

建筑物	2%	直线法
厂房和设备	10%或 20%	直线法
机动车辆	25%	直线法
土地	不折旧	

(d) 存货

产成品包括生产成本。存货和正处于生产过程中的产品按成本及可变现净值两者中较低者入账。购买的商品以购入成本入账的使用先进先出法。

(e) 租赁

若一项资产以融资租赁取得，其必须资本化，且对租赁公司的负债包含在应付账款中。支付的款项包括本金和利息两部分，利息在租赁期间计入损益表。凡是不属于融资租赁的皆为经营性租赁。经营性租赁下的租金支付在租赁期间以直线法方式确认为与收入配比的费用。

2. 营业收入及利润

营业收入指含税的净价值。营业收入和税前利润应归属于一个主要业务。

	（单位：千美元）	
3. 营业利润	第5年	第4年
扣减费用后的营业利润：		
有形固定资产折旧	(495)	(402)
审计师酬金	(22)	(19)
固定资产出售获利	8	—
机器与设备的租金	(17)	(12)
总计	(526)	(433)
4. 员工		
一年平均员工数量如下（单位：人）：		
后勤和管理人员	34	28
生产人员	47	41
总计	81	69
一年员工成本累计：		
工资和薪金	1 211	983
社会保险	110	72
养老金成本	32	28
总计	1 353	1 083
董事会薪酬		
薪酬——所有董事（扣除养老金）	199	174
养老金缴款——所有董事	22	20
薪酬最高管理者薪酬（扣除养老金）	65	59
薪酬最高管理者——养老金缴款	7	6
5. 应付利息		
透支和银行贷款	243	196
融资租赁利息	82	65
总计	325	261
6. 税		
一年的运营活动税金如下：		
一年的公司税金	131	130
7. 股利		
前一个会计年度的已付股利	184	153

董事会提出 215 000 英镑的第 5 年股利分配方案（第 4 年为 184 000 英镑）。这份股利分配方案应征得股东的同意，在没有征得股东同意之前作为债务项目记录在公司第 5 年 12 月 31 日的资产负债表中。

8. 有形固定资产

	土地及建筑物	厂房和设备	机动车辆	总计
成本				
第 5 年年初	3 401	2 503	588	6 492
固定资产增加	570	656	165	1 391
处置	—	(35)	—	(35)
第 5 年年末	3 971	3 124	753	7 848
折旧				
第 5 年年初	269	1 430	348	2 047
处置中	—	(20)	—	(20)
年折旧	46	345	104	495
第 5 年年末	315	1 755	452	2 522
账面净值				
第 5 年年初	3 132	1 073	240	4 445
第 5 年年末	3 656	1 369	301	5 326

9. 产成品和在产成品存货	第 5 年	第 4 年
原材料	352	287
在产品	17	12
产成品	862	654
总计	1 231	953
10. 应收账款		
应收账款减去可疑债务	2 125	1 502
预付账款	78	66
其他应收账款	36	28
总计	2 239	1 596
11. 流动负债		
应付账款	863	721
社会保险和其他税金	150	115

应计款项	113	93
预付现金	20	10
小计	1 146	939
银行透支	933	621
银行贷款中的短期部分	525	350
融资租赁中的短期负债部分	171	152
税	131	130
总计	2 906	2 192
12. 长期负债		
银行贷款中的长期部分	2 625	1 650
融资租赁中的长期负债部分	430	601
总计	3 055	2 251
银行贷款由公司资产作为担保		

13. 资本和储备金

	股本	股本溢价	留存收益	总计
第5年1月1日	50	275	2 243	2 568
年利润	—	—	463	463
已付股利	—	—	(184)	(184)
第5年12月31日	50	275	2 522	2 847

	第5年	第4年
14. 股东权益变动		
第5年1月1日股东权益	2568	2 294
年利润	463	427
已付股利	(184)	(153)
第5年12月31日股东权益	2 847	2 568
15. 已缴资本		
已授权		
1 500 000 普通股，每股5英镑	75	75
发行并全额支付		
1 000 000 普通股，每股5英镑	50	50

16. 财务承诺

第 5 年 12 月 31 日，公司承诺在不可撤销的租赁协议约束下，在第 6 年 12 月 31 日前做出如下支付：

	机器与设备	
	第 5 年	第 4 年
到期的经营性租赁协议：		
第 2～5 年	19	21
经营性租赁协议中的远期负债如下：		
第 2～5 年到期的租赁协议	727	961

第 5 年 12 月 31 日，公司决定在未来购买厂房和设备，共计 126 300 英镑（第 4 年为 287 800 英镑）。

附录 2

Listco 公司会计报表

Listco 公司合并损益表

单位：百万英镑

		截止到第 5 年 12 月 31 日	截止到第 4 年 12 月 31 日
1	持续性经营		
2	收益	784.2	718.6
3	销售成本	(461.6)	(425.8)
4	毛利	322.6	292.8
5	销售费用	(85.2)	(78.8)
6	管理费用	(147.2)	(132.4)
7	特殊项目	(14.5)	(2.4)
8	营业利润	75.7	79.2
9	融资收益	10.2	4.7
10	理财成本	(6.0)	(9.2)
11	归属于合营企业的利润	4.6	3.9
12	税前利润	84.5	78.6
13	税	(18.1)	(17.8)

续前表

		截止到第 5 年 12 月 31 日	截止到第 4 年 12 月 31 日
14	持续性营业利润	66.4	60.8
15	停止营业带来的利润/(损失)	(7.9)	(1.8)
16	集团当年利润	58.5	59.0
17			
18	本期利润归属于		
19	母公司股东	53.3	54.6
20	少数股东权益	5.2	4.4
21	总计	58.5	59.0
22			
23	本期股东每股收益归属于		
24	基本每股收益（单位：便士）		
25	持续经营	21.5	19.5
26	停止营业	(2.3)	(0.5)
27	小计	19.2	19.0
28	稀释每股收益（单位：便士）		
29	持续经营	20.9	19.1
30	停止营业	(2.2)	(0.5)
31	小计	18.7	18.6
32			
33	调整后每股收益（单位：便士）		
34	基本每股收益	28.1	23.3
35	稀释每股收益	27.3	22.7

Listco 公司综合收益表

单位：百万英镑

		截止到第 5 年 12 月 31 日	截止到第 4 年 12 月 31 日
1	当年利润		
2		58.5	59.0

续前表

		截止到第5年12月31日	截止到第4年12月31日
3	其他综合收益		
4	未来不会重新划定损益的项目		
5	定额供款养老金计划的精算收益/亏损	(2.8)	(3.5)
6	以上的递延所得税	0.2	1.1
7	总计	(2.6)	(2.4)
8	未来有可能被重新划定为损益的项目		
9	外国业务涉及的汇兑损益	0.8	(1.4)
10	现金流对冲	(0.3)	(1.8)
11	现金流对冲对损益表的影响	(2.4)	(0.8)
12	与现金流对冲活动关联的递延所得税	0.5	0.2
13	房地产升值	10.2	0.0
14	以上的税金	(2.2)	0.0
15	总计	6.6	(3.8)
16			
17	其他综合收益总计	4.0	(6.2)
18			
19	当年综合收益总计	62.5	52.8
20			
21	归属于		
22	母公司股东	57.3	48.4
23	少数股东权益	5.2	4.4
24	总计	62.5	52.8

Listco公司合并财务状况表

单位：百万英镑

		截止到第5年12月31日	截止到第4年12月31日
1	资产		
2	非流动资产		

续前表

		截止到第 5 年 12 月 31 日	截止到第 4 年 12 月 31 日
3	商誉	135.6	149.6
4	其他无形资产	92.6	91.2
5	有形固定资产	135.4	108.1
6	对合营和联营公司的投资	32.3	27.7
7	递延所得税资产	4.0	1.4
8	供出售的非流动资产	15.4	0.0
9	合计	415.3	378.0
10	流动资产		
11	存货	101.1	92.6
12	应收账款和其他应收款	184.4	163.4
13	其他金融资产	5.5	5.5
14	现金和现金等价物	34.5	13.4
15	总计	325.5	274.9
16			
17	资产总计	740.8	652.9
18			
19	负债		
20	流动负债		
21	借款	45.6	36.4
22	应付账款及其他应收款	117.8	134.9
23	其他金融负债	4.3	6.0
24	公司应交税金	10.4	8.7
25	合计	178.1	186.0
26	非流动负债		
27	借款	64.2	63.2
28	储备金	2.4	1.9
29	递延所得税负债	3.5	0.8
30	养老金负债	25.1	23.4
31	合计	95.2	89.3

续前表

		截止到第5年12月31日	截止到第4年12月31日
32			
33	负债总计	273.3	275.3
34			
35	净资产	467.5	377.6
36			
37	权益		
38	所有者权益		
39	与股份相关的		
40	普通股股本	31.2	29.3
41	股本溢价	206.2	176.5
42	资本赎回储备	5.3	4.8
43	自有股票储备	(20.3)	(22.3)
44	股份支付储备	14.1	10.4
45	与利润相关的		
46	汇兑储备	(2.6)	(3.4)
47	避险准备	(2.5)	(0.3)
48	重估价准备	11.4	3.4
49	留存收益	197.9	157.0
50	所有者权益合计	440.7	355.4
51	少数股东权益	26.8	22.2
52	权益总计	467.5	377.6

Listco公司合并现金流量表

单位：百万英镑

		截止到第5年12月31日	截止到第4年12月31日
1	经营活动产生的现金流		
2	税前利润	84.5	78.6
3	合营公司的税后利润分享	(4.6)	(3.9)

续前表

		截止到第5年 12月31日	截止到第四年 12月31日
4	财务收入和费用	(4.2)	4.5
5	营业利润	75.7	79.2
6	加回以上损益表中的非现金项目		
7	折旧	16.9	13.9
8	摊销	5.8	5.5
9	商誉减值	14.0	0.0
10	处理PP&E的损失/(利润)	1.1	0.0
11	期间股份支付	6.0	5.4
12	运营资本变化前的运营现金流	119.5	104.0
13	运营资本调整		
14	存货（增加)/减少	(13.6)	(4.1)
15	应收货款（增加)/减少	(26.1)	(7.2)
16	其他应收账款（增加)/减少	(7.3)	(6.0)
17	应付货款增加/(减少)	4.0	1.6
18	社会保险和其他税金增加/(减少)	(2.1)	2.0
19	应计和递延收入的增加/(减少)	(5.5)	10.2
20	储备金增加/(减少)	0.5	(1.2)
21	养老金负债的变动	(1.1)	(2.5)
22	持续经营业务的净现金流	68.3	96.8
23	非持续经营活动	(6.3)	(0.1)
24	所有经营活动的净现金流	62.0	96.7
25	本期支付所得税	(19.1)	(18.0)
26	经营活动的净现金流	42.9	78.7
27			
28	投资活动产生的现金流		
29	处置PP&E的收益	0.7	0.0
30	购买无形资产	(7.2)	(6.9)

续前表

		截止到第5年12月31日	截止到第4年12月31日
31	购买PP&E	(45.5)	(42.2)
32	购买金融资产	(1.0)	1.0
33	出售/处理金融资产/负债	2.0	(1.0)
34	收到的筹资收入	4.4	3.5
35	收到的投资收入	0.4	0.2
36	投资活动产生的净现金流	(46.2)	(45.4)
37			
38	筹资活动产生的现金流		
39	支付筹资费用	(6.0)	(6.6)
40	借款	21.8	15.2
41	借款偿还（包括融资租赁）	(16.4)	(17.2)
42	发行股票收益	35.5	3.0
43	增发股票收益	2.0	1.0
44	购买自有股份	(10.6)	(12.7)
45	对母公司股东的股利支付	(3.6)	(3.2)
46	对少数股东的股利支付	(0.6)	(0.5)
47	筹资活动产生的净现金流	22.1	(21.0)
48			
49	现金和现金等价物的净增长	18.8	12.3
50			
51	期初现金和现金等价物	0.6	(14.4)
52	现金和现金等价物的净增长	18.8	12.3
53	现金折算	(2.5)	2.7
54	期末现金和现金等价物	16.9	0.6

说明：现金和现金等价物包括透支额。

Listco公司所有者权益变动表（第5年）

单位：百万英镑

	普通股股本	股本溢价	资本赎回储备	自有股票储备	股份支付储备	汇兑储备	避险准备	重估价准备	留存收益	所有者权益合计	少数股东权益	总计
1 第4年年末余额	29.3	176.5	4.8	(22.3)	10.4	(3.4)	(0.3)	3.4	157.0	355.4	22.2	377.6
2												
3 第5年间的变化												
4 总综合收益												
5 当期利润A	—	—	—	—	—	—	—	—	53.3	53.3	5.2	58.5
6 其他综合收益B												
7	—	—	—	—	—	0.8	—	—	—	0.8	—	0.8
8 土地和建筑物的重估价	—	—	—	—	—	—	—	10.2	—	10.2	—	10.2
9 现金流对冲	—	—	—	—	—	—	(0.3)	—	—	(0.3)	—	(0.3)
10 现金流对冲对损益表的影响	—	—	—	—	—	—	(2.4)	—	—	(2.4)	—	(2.4)
11 养老金负债的重新测量	—	—	—	—	—	—	—	—	(2.8)	(2.8)	—	(2.8)

续前表

	普通股股本	股本溢价	资本赎回储备	自有股票储备	股份支付储备	汇兑储备	避险准备	重估价准备	留存收益	所有者权益合计	少数股东权益	总计
12 以上所有的递延所得税	—	—	—	—	—	—	0.5	(2.2)	0.2	(1.5)	—	(1.5)
13 综合收益总计（A+B）	0.0	0.0	0.0	0.0	0.0	0.8	(2.2)	8.0	50.7	57.3	5.2	62.5
14 与所有者相关的交易 C												
15 现金发行股票	2.2	32.5	—	—	—	—	—	—	—	34.7	—	34.7
16 期权发行股票	0.2	0.6	—	—	—	—	—	—	—	0.8	—	0.8
17 库存股购买	—	—	—	(10.6)	—	—	—	—	—	(10.6)	—	(10.6)
18 注销库存股	(0.5)	(3.4)	0.5	6.8	—	—	—	—	(3.4)	0.0	—	0.0
19 用于股票计划的库存股	—	—	—	5.8	(1.0)	—	—	—	(2.8)	2.0	—	2.0

续前表

	普通股股本	股本溢价	资本赎回储备	自有股票储备	股份支付储备	汇兑储备	避险准备	重估价准备	留存收益	所有者权益合计	少数股东权益	总计
20 期间以股票为基础的支付成本	—	—	—	—	6.0	—	—	—	—	6.0	—	6.0
21 以上的税金	—	—	—	—	(1.3)	—	—	—	—	(1.3)	—	(1.3)
22 股利支付	—	—	—	—	—	—	—	—	(3.6)	(3.6)	(0.6)	(4.2)
23 与所有者相关的交易总计	1.9	29.7	0.5	2.0	3.7	0.0	0.0	0.0	(9.8)	28.0	(0.6)	27.4
24												
25 期间总变化	1.9	29.7	0.5	2.0	3.7	0.8	(2.2)	8.0	40.9	85.3	4.6	89.9
26												
27 第 5 年年末余额	31.2	206.2	5.3	(20.3)	14.1	(2.6)	(2.5)	11.4	197.9	440.7	26.8	467.5